リック式「右脳」メソッド

ヤバいくらい覚えられる
会話のための
英単語

リック西尾

リーディング

1回読み通したらワンチェック。

1	2 40回に挑戦!!	3	4
9	10	11	12
17	18	19	20
25	26	27	28
33	34	35	36

チェック チャート
さあ40回のリーディングに挑戦!!

5	6	7	8
13	14	15	16
21	22	23	24
29	30	31	32
37	38	39	40

ゴールおめでとう!!

リック式メソッドの原理

英語ができない三大原因

ヒアリングができないため

　私たちが英語を耳にするとき、「何を言っているのか、さっぱりわからない」という現実に直面します。言葉を聞き取れずして、英語を習得するのは不可能です。にもかかわらず、私たちは、今までの英語学習でヒアリングの訓練をおろそかにしてきました。ですから、**私たちの脳には、英語の音声と言葉を認識する神経回路が形成されていないのです。**

英語を日本語に翻訳して理解するため

　　私たちは英語を理解するのに、一度日本語に翻訳してから理解します。だれもこのことを疑おうとはしません。しかし実は、このことこそが、日本人を英語のできない民族にしてしまった最大の原因なのです。日本語は日本語で考え理解するように、英語は英語で考え理解する。これが正しい方法なのです。今まで私たちは、英語の学習過程で、とにかく英語を日本語に翻訳し理解することに力を入れてきました。そのことが、**私たちの脳に英語に対する複雑な神経回路を形成してしまった**のです。

右脳を活用しないため

　　私たちが英単語を記憶するとき、大変な困難と苦痛が伴います。そのことで、英語の習得に挫折した人も少なくありません。今まで私たちは、疑問を持つことなく英単語の暗記に努力してきましたが、ここにも重大な欠陥があります。実は、**私たちは、**

ほとんど右脳を活用せず、非合理的な方法
で記憶をしてきたのです。

右脳を活用しない従来の記憶法

右脳と左脳のはたらき

　　まず、右脳と左脳のはたらきについて考
えてみます。大脳は右脳と左脳の二つに分
かれており、それが脳梁によって結ば
れ、情報が伝達される仕組みになっていま
す。右脳は「イメージ脳」、左脳は「言語
脳」といわれ、両方の脳がお互いに役割を
分担し、協力しながら脳の機能をつかさ
どっています。

	非言語的	知識は、イメージを通して獲得される。
右　脳	全体的	問題を全体的に見て、飛躍的な洞察を行う。
	想像的	空想や想像をつかさどる。
	芸術的	絵画や音楽を鑑賞する。

言語的	読んだり、書いたり、話したりする能力をつかさどる。
分析的	理性的、分析的な側面がある。
直線的	情報は一つずつ順番に処理される。
数学的	数字や記号は左脳で理解される。

左脳 ─┘

言葉の性質について

次に、言葉の性質について考えてみます。言葉は基本的に二つの要素から成り立っています。一つは文字情報（表音・表記）の部分、もう一つはイメージ情報の部分で、この二つは表裏一体の関係にあります。具体的に「消しゴム」という言葉を例にとって図式化すると以下のようになります。

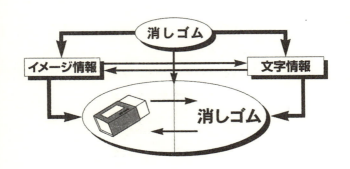

言葉と脳の関係

　では、言葉と脳のかかわりはどのようになるのでしょうか。下記の図式のように、イメージ情報は右脳に、文字情報は左脳に分けられ、それぞれの脳に記憶されます。

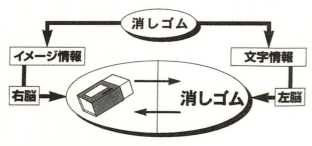

右脳のはたらきを疎外したテスト

　ではここで、右脳を使わない記憶がいかに大変であるかを知るためのテストをしてみたいと思います。

　右脳のはたらきを抑えることは、イメージの伴わない言葉を覚えることによって体験できます。イメージの伴わない言葉として、無意味な言葉があげられます。次の文章を記憶してみてください。

●意味の無い言葉

すましうろくもてと はとこるすくおき をごんたいえ

　いかがですか。イメージの伴わない左脳だけの記憶が、いかに大変かということがおわかりいただけたと思います。

　ちなみに、上記の言葉にイメージが加わると、記憶力は一気に飛躍します。ひらがなを逆から読むと、

えいたんごを きおくすることは とてもくろうします

となります。

従来の英単語の記憶法

　それでは、私たちの従来の英単語の記憶法は、どうして右脳のはたらきを疎外してきたのでしょうか。それを分析してみますと、以下のようになります。

1　「eraser」という英単語の文字を認識

2　対訳の「消しゴム」という日本語と照合

3　eraser・消しゴム　eraser・消しゴム

eraser・消しゴム　eraser・消しゴム
eraser・消しゴム　eraser・消しゴム

4 「eraser」＝「消しゴム」が脳に定着するまで記憶の作業を反復する

これを図式化すると次のようになります。

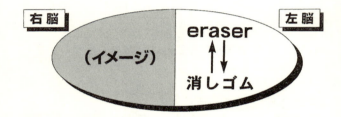

　図式を見ていただくと、よくわかります。これだと**左脳内において表音表記の文字だけで記憶の作業が反復され、イメージが出力されていません。**つまり、右脳のはたらきがフリーズ状態のまま、記憶の作業が繰り返されていることになります。左脳だけの記憶がいかに大変かは、先ほどのテストで実験済みです。したがって、このような方法で記憶することは、非常に困難が

つきまとい、また成果も上がりません。
では、どうすればよいのでしょうか。

リック式メソッドによる記憶法

まずは、図式を見てください。

すでに私たちは、膨大な数の日本語を記憶しています。それはすなわち、その数の**概念化されたイメージを、右脳に記憶している**ことを意味します。そのイメージを右脳から出力して、英単語の文字と合わせるのです。

それを実現するためには、どうすればよいのか。次の文章をお読みください。

ゴシゴシとeraserで字を消す

　この文章を読むと、前後の文章からeraserが何であるかイメージできます。つまり、**短い文章を通し右脳から消しゴムのイメージが出力される**のです。そのイメージとeraserを結合するのです。右脳におけるイメージを活用すると、記憶力が飛躍的に増すということは、先ほどのテストで実験済みです。

　理解を深めるために、もう少し例文をお読みください。

●**例文（本文より）**

> ゴホンゴホンとcoughする
> ボサボサの髪をcombする
> からだを爪でscratchする
> ラスベガスでお金をbetする
> 英語を流暢にpronounceする

　いかがですか？　例文を読むと、英単語のイメージが浮かんできませんか。右脳に

眠っているイメージが、呼び起こされたのではないでしょうか。

また、この方法だと、eraserを消しゴムと理解しなくても、eraserをそのまま英語で理解することが可能になります。英語を日本語に翻訳して理解するという私たちの悪い習慣から脱皮することができます。

ちなみに、英語をそのまま理解することを、実は、私たち日本人は無意識に行ってきました。次の表をご覧ください。

エゴイスト	アピール	ジンクス	シンプル
エキサイト	シングル	フロント	ノーマル
オリジナル	スマート	ベテラン	ストレス
タイムリー	トータル	ユーモア	ウイット
ステータス	ブランク	ナイーブ	キャリア

これらは外来語ですが、いちいち日本語の対訳と合わせながら覚えたわけではありません。エゴイストをエゴイストとして、ア

13

ピールをアピールとして、初めから自然に覚えたものばかりです。

本書の利用法

まず英単語の発音を習得していただくために、音声データを用意しています。まずはそれをPCやスマホにダウンロードしてください。

※ダウンロードは17頁及び表紙の袖に記載された方法に従って行ってください。

音声は各ページの見出しと英単語のみが録音されています。とてもシンプルです。日本語の対訳はついていません。それをすると従来型の左脳を使った記憶法になるからです。

まずは英単語を何度も聴いて、英単語の発音を耳から覚えてください。口に出して発音すればより効果的です。

後はその意味が分かれば、英単語の記憶は完成です。しかも英単語を日本語に還元しないで意味を覚えたことになります。

続いて英語の意味の記憶は本書を読んでおこないます。

本書は、文章を読みながら英単語のイメージが浮かぶように工夫してつくられています。イメージを優先しているため、多少の不自然な文章はお許しください。

左ページの文章を読みながら英語の意味をイメージで捉えるようにして、右ページの対訳は、あくまで確認程度にとどめてください。

最初は日本語の意味を確認する必要がありますが、慣れてきたら左ページだけを読みながら英語の意味を右脳で覚えていきます。ただ、ピアノやゴルフの習得を考えてみればおわかりいただけると思いますが、何をするにも反復作業は必要な条件です。2〜3回の反復でマスターを望むこと自体、非科学的なことです。英単語の記憶においても同じことが言えます。

この本は、1ページごとの読み切りにし、無駄な文章をいっさい省き、テンポよくリズミカルに読み進められるように工夫がこ

らされています。

チェクチャートが本書の巻頭に用意されていますので、できれば40回を目安に、そこに記入しながら読み返してください。 慣れてくれば1時間で1冊読み通すことができ、早い人で40日足らずで、日常会話に必要な英検2級レベルの英単語1500をマスターすることが可能です。

過去、受験で苦労された皆様が、この本を通して英単語習得が非常に容易であることを実感され、喜びと希望をもって英語学習に臨まれんことを祈ってみません。

リック西尾

```
すべての英文の音声入り
無料音声
（1～4倍速対応）
ダウンロード
スマホでも聴けます！
```

本書の英文の音声は、パソコン・スマホ・タブレット端末のいずれでも無料でご利用いただけます。ダウンロードの詳細は、下記をご参照ください。

http://kklong.co.jp/eitango

下のQRコードからもアクセスできます。

CONTENTS

リーディングチェックチャート ………………………………………… 2

リック式メソッドの原理 ……………………………………………… 4

話すための動詞英単諸560

❶赤ちゃん ……………………………………………………………… 24

❷主人 …………………………………………………………………… 26

❸主婦 …………………………………………………………………… 28

❹専門職 ………………………………………………………………… 30

❺海外ツアー …………………………………………………………… 32

❻高級ドレス …………………………………………………………… 34

❼新物質 ………………………………………………………………… 36

❽ロケット ……………………………………………………………… 38

❾算数の計算 …………………………………………………………… 40

❿探検 …………………………………………………………………… 42

⓫訓練 …………………………………………………………………… 44

⓬作業 …………………………………………………………………… 46

⓭財産の相続 …………………………………………………………… 48

⓮乙女の心 ……………………………………………………………… 50

⓯お見合い ……………………………………………………………… 52

⓰女優の結婚式 ………………………………………………………… 54

⓱仲のいい夫婦 ………………………………………………………… 56

⓲マイホーム …………………………………………………………… 58

⓳離婚 …………………………………………………………………… 60

⓴病気 …………………………………………………………………… 62

㉑英語講師 ……………………………………………………………… 64

㉒科学者 ………………………………………………………………… 66

㉓芸術家 ………………………………………………………………… 68

㉔話す …… 70
㉕出家 …… 72
㉖エクソシスト …… 74
㉗ヤクザ …… 76
㉘事件 …… 78
㉙刑事 …… 80
㉚ビジネスマン …… 82
㉛有能な上司 …… 84
㉜無能な社員 …… 86
㉝会社 …… 88
㉞経営戦略 …… 90
㉟工場 …… 92
㊱労働組合 …… 94
㊲国際会議 …… 96
㊳選挙 …… 98
㊴行政 …… 100
㊵戦争 …… 102
話すための名詞英単語616
㊶物体 …… 106
㊷海外旅行 …… 108
㊸風景 …… 110
㊹地理 …… 112
㊺天候 …… 114
㊻農業 …… 116
㊼建物 …… 118
㊽クルマ …… 120
㊾学校 …… 122
㊿人間 …… 124
(51)家系 …… 126

(52)職業 …… 128
(53)ビジネスマン …… 130
(54)人の立場 …… 132
(55)犯罪者 …… 134
(56)身体 …… 136
(57)病気 …… 138
(58)文学 …… 140
(59)演劇 …… 142
(60)算数 …… 144
(61)研究開発 …… 146
(62)結婚 …… 148
(63)社会生活 …… 150
(64)宗教 …… 152
(65)美しい貴婦人 …… 154
(66)人間の要素 …… 156
(67)友人関係 …… 158
(68)人生 …… 160
(69)運命 …… 162
(70)優秀な人間の条件 …… 164
(71)人間の内面 …… 166
(72)負の心 …… 168
(73)抽象 …… 170
(74)転職 …… 172
(75)製品 …… 174
(76)製品の販売 …… 176
(77)経済 …… 178
(78)マスコミ …… 180
(79)会議 …… 182
(80)文明 …… 184

⑧政府 ································· 186

⑧市民革命 ···························· 188

⑧戦争 ································· 190

⑧犯罪 ································· 192

話すための形容詞英単語336

⑧食物 ································· 196

⑧自然 ································· 198

⑧形状 ································· 200

⑧科学 ································· 202

⑧物の性質 ···························· 204

⑨商品の価値 ·························· 206

⑨家 ·································· 208

⑨場所 ································· 210

⑨対比 ································· 212

⑨レベル ······························ 214

⑨からだ ······························ 216

⑨いろいろな人 ························ 218

⑨魅力のある人 ························ 220

⑨愛される性格 ························ 222

⑨好かれない人 ························ 224

⑩嫌われる性格 ························ 226

⑩有能な人 ···························· 228

⑩ショッピングセンター ················ 230

⑩様々な生活 ·························· 232

⑩様々な出来事 ························ 234

⑩様々な意見 ·························· 236

⑩様々な問題 ·························· 238

⑩政治経済 ···························· 240

⑩犯罪都市 ···························· 242

■2倍速、3倍速、4倍速でチャレンジしてみよう！

　最初は通常のスピードで英文を聞き、声に出して下さい。少し慣れてきたら2倍速でチャレンジして下さい。それにも慣れてきたら3倍速に、さらに4倍速にまでチャレンジして下さい。

　やっているうちに左脳の自意識が薄れ、情報が右脳に定着しやすくなります。右脳に定着した英語の情報が左脳につながれば、いつでも理解し表現ができるようになります。そして自然に英語が口から出てくるようになります。

　このチャレンジの過程で、日本語という振動数の低い言語に慣れ切っていた聴覚が鋭くなってくるのが分かります。聴覚が敏感になることによって、振動数の高い英文を聞き取る力が高まります。

　試しに、高速に慣れてきたら、少しスピードを下げてみてください。以前は聞きにくかった英文がハッキリ聞こえ、いつの間にか右脳に定着しているのが実感できるはずです。

〈指導・制作〉
一般社団法人エジソン・アインシュタインスクール協会

代表　鈴木昭平

話すための
動詞英単語
560

赤ちゃん

赤ちゃん、ミルクをチュウチュウと**suck**する

腹ばいになって**creep**する

からだを起こし両ひざで**kneel**する

立ち上がり**toddle**する

おもちゃ箱を**overturn**し

まわりに**litter**する

おもちゃに**stumble**し

バッタンと**fall**する

積み木を**pile**する

喜んでパチパチと手を**clap**する

絵本をペロペロと**lick**する

ない歯で**bite**する

そしてベリベリと**tear**する

眠くなり、うつらうつらと**doze**する

1

□**suck** [sʌk]	を吸う	をしゃぶる
□**creep** [kri:p]	はう	
□**kneel** [ni:l]	ひざまずく	
□**toddle** [tá:dl]	よちよち歩く	
□**overturn** [òuvərtə́:rn]	名ひっくり返す	ひっくり返る を打倒する
□**litter** [lítər]	を散らかす	に散らかる 名くず
□**stumble** [stʌmbl]	につまずく	よろける つかえる
□**fall** [fɔ:l]	倒れる	落ちる 名秋
□**pile** [pail]	を積み重ねる	積もる 名積み重ね
□**clap** [klæp]	を叩く(手で)	に拍手する
□**lick** [lik]	をなめる	
□**bite** [bait]	を噛む	をかじる に噛みつく
□**tear** [tɛər]	を破る	を裂く を引き離す
□**doze** [douz]	居眠りをする	うたた寝をする まどろむ

25

主人

たまの休日、昼近くまで**oversleep**する

目をごしごしと**rub**し、起床する

おもむろにひげを**shave**し

歯を**brush**する

ボサボサの髪を**comb**する

コップにコーヒーを**pour**し

ミルクを入れて**stir**する

熱帯魚に**feed**する

花に**water**する

鉢を縁側に**lay**する

車をワックスで**polish**する

フロントガラスを**wipe**する

近所の公園まで**jog**する

疲れて芝生に**lie**する

2

oversleep [òuvərslí:p]	寝過ごす	
rub [rʌb]	をこする	摩擦する 磨く
shave [ʃeiv]	をそる	图ひげをそること
brush [brʌʃ]	を磨く(歯など)	にブラシをかける 图ブラシ
comb [koum]	をくしでとかす	图くし
pour [pɔːr]	を注ぐ	流れる
stir [stəːr]	をかきまわす	を動かす 動く
feed [fíːd]	にエサを与える	を供給する 图飼料
water [wɔ́ːtər]	に水をやる	に給水する 图水
lay [lei]	を置く	を横たえる を産む(卵)
polish [páliʃ]	を磨く	のつやを出す
wipe [waip]	を拭く	を拭き取る 图ぬぐうこと
jog [dʒag]	ジョギングをする	をちょっと揺する を呼び起こす
lie [lai]	横になる	寝転ぶ 位置する

主婦

はたきでホコリを**dust**する

ほうきで畳を**sweep**する

カーペットを**vacuum**する

部屋をきちんと**tidy**する

ベランダで洗濯物を**spread**し

物干しざおに**hang**する

ミシンで洋服を**sew**する

毛糸でセーターを**knit**する

洗濯物を取り込み**fold**する

お湯を**boil**する

じゃがいもを**pare**する

玉ねぎを**peel**する

ギョーザの具を皮で**wrap**する

ステーキを直火で**roast**する

3

☐**dust** [dʌst]	のホコリを払う	のチリを払う 名チリ
☐**sweep** [swi:p]	をはく	掃除する 名掃除
☐**vacuum** [vǽkju(ə)m]	に掃除機をかける (口語的)	名真空
☐**tidy** [táidi]	を片付ける	をきちんとする 形きちんとした
☐**spread** [spred]	を広げる	広がる 名広がり
☐**hang** [hæŋ]	をつるす	を掛ける を絞首刑にする
☐**sew** [sou]	を縫う	縫い物をする
☐**knit** [nit]	を編む	編み物をする
☐**fold** [fould]	を折りたたむ	を組む(手・腕など) を抱きしめる
☐**boil** [bɔil]	を沸かす	を煮る 沸騰する
☐**pare** [pɛər]	の皮をむく (刃物を用いて)	を切る 切り揃える
☐**peel** [pi:l]	の皮をむく (果物など)	名皮
☐**wrap** [ræp]	を包む	
☐**roast** [roust]	を焼く	を天火で蒸し焼き にする

専門職

整備士、故障した自動車を**repair**する

洋裁師、破れた洋服を**mend**する

調教師、ムチで馬を**beat**する

手品師、鉄の棒を**bend**する

霊感師、人の未来を**predict**する

調理師、スープの味を**taste**する

薬剤師、患者に薬を**compound**する

内科医師、患者の病気を**cure**する

外科医師、怪我人の傷を**heal**する

検査技師、製品の不良品を**eliminat**eする

設計技師、新築の家を**design**する

建築技師、土地の面積を**measure**する

電気技師、電気の装置を**equip**する

コンピューター技師、壊れたパソコンを**replace**する

4

□**repair** [ripéər]	を修理する	を修繕する 名修繕
□**mend** [mend]	を修繕する	を改める(行いなど) 名修理
□**beat** [bi:t]	を打つ	を打ち負かす 名打つこと
□**bend** [bend]	を曲げる	曲がる
□**predict** [pridíkt]	を予言する	を予報する
□**taste** [teist]	を味わう	名味
□**compound** [kəmpáund]	を調合する	カンパウンド 名合成の
□**cure** [kjuər]	を治す	名全快(病気の)
□**heal** [hi:l]	を治す(傷など)	をいやす(悩みなど)
□**eliminate** [ilímənèit]	を除去する	を削除する
□**design** [dizáin]	を設計する	をデザインする 名デザイン
□**measure** [méʒər]	を測定する (長さ・大きさ・量など)	名寸法 名物差し
□**equip** [ikwíp]	を備え付ける	に装備をする
□**replace** [ripléis]	を取り替える (ダメになったもの)	に取って代わる

海外ツアー

A子、海外旅行でパックツアーを**utilize**する

担当員、カタログを見せ**explain**し

お客の予算を**estimate**する

A子、契約を交わしツアーを**apply**する

安心な旅行を願い、自分に保険を**insure**する

担当員、様々な手続きを**cope**し

飛行機の搭乗券を**book**する

また、ホテルの部屋を**reserve**する

当日、A子、成田空港から**depart**する

添乗員もツアーに**accompany**する

無事、目的の空港に**arrive**する

添乗員、旅行客を**guide**する

夕方、宿泊するホテルに**reach**する

豪華なホテル、多数の旅行客を**accommodate**させる

5

utilize
[júːtəlàiz]
を利用する

explain
[ikspléin]
を説明する

estimate
[éstəmèit]
を見積もる
（費用・時間など）

apply
[əplái]
申し込む　　　　　　　　を応用する

insure
[inʃúər]
に保険をかける
（人・財産など）

cope
[koup]
をうまく処理する
（with～）

book
[buk]
を予約する　　　　　　　を記入する(名前・注文など)
（入場券・乗車券など）　　名本

reserve
[rizə́ːrv]
を予約する　　　　　　　を取っておく
（座席・部屋など）　　　　名たくわえ

depart
[dipáːrt]
出発する(形式語的)

accompany
[əkʌ́mp(ə)ni]
に同行する　　　　　　　についていく
　　　　　　　　　　　　の伴奏をする

arrive
[əráiv]
に到着する　　　　　　　着く
　　　　　　　　　　　　来る（時が）

guide
[gaid]
を案内する　　　　　　　名案内人

reach
[riːtʃ]
に着く　　　　　　　　　に届く
　　　　　　　　　　　　名伸ばすこと

accommodate
[əkámədèit]
を宿泊させる(客)

33

高級ドレス

高級ブティック、店内に洋服を**display**する

また、帽子やハンドバッグを**exhibit**する

Ａ夫人、ブランド品を購入する**afford**があり

ブティックに来店し、ドレスを**select**する

二つのドレスを手に取り**compare**する

派手なドレスを**choose**する

試着し、体型に**fit**する

このドレスが夫人に**suit**する

スリムなスタイルがドレスと**match**する

Ａ夫人、そのドレスを**purchase**し

心を**satisfy**させる

後日、ドレスが雨に濡れ色は**fade**し

丈は短く**shrink**する

高価なドレスを**spoil**する

6

□**display** [displéi]	を展示する	を陳列する 名陳列
□**exhibit** [igzíbit]	を展示する	
□**afford** [əfɔ́ːrd]	～する余裕がある(can afford で ／ふつう否定文・疑問文で用いる)	
□**select** [səlékt]	を選ぶ	形精選した
□**compare** [kəmpéər]	を比較する	
□**choose** [tʃuːz]	を選ぶ	を選択する
□**fit** [fit]	にぴったり合う (寸法・型などが)	形適した
□**suit** [s(j)uːt]	に似合う(衣服などが)	に適した 名背広上下
□**match** [mætʃ]	に調和する	名試合
□**purchase** [pə́ːrtʃəs]	を購入する(形式語的)	名購入
□**satisfy** [sǽtisfài]	を満足させる	
□**fade** [feid]	あせる(色が)	しぼむ 徐々に消えていく
□**shrink** [ʃríŋk]	縮む(布などが)	尻込みをする ひるむ
□**spoil** [spɔil]	を台無しにする	を甘やかしてダメ にする(子供など)

35

新物質

科学者、未知の物質を求め地質を**investigate**する

地下深く穴を**dig**する

ついに、新しい物質を**discover**する

研究所で、新物質を化学薬品に**soak**する

物質は薬品に**react**し

液体をみるみる**absorb**する

そして、徐々に**swell**する

物質の温度は急激に**soar**し

ドロドロと**melt**する

悪臭のガスを**generate**させ

メラメラと**burn**する

突然、容器がこなごなに**burst**する

そして、閃光を放って**explode**し

実験設備をメチャクチャに**destroy**する

7

investigate [invéstigèit]	を調査する	
dig [dig]	を掘る	
discover [diskávər]	を発見する	
soak [souk]	を浸す（液体に）	を濡らす
react [ri(:)ǽkt]	反応する	反発する
absorb [əbsɔ́:rb]	を吸収する （液体・知識などを）	を併合する
swell [swel]	ふくらむ	増える（数・量など） 高まる（感情など）
soar [sɔ:r]	急上昇する （温度などが）	急に上がる （物価が）
melt [melt]	溶ける	を溶かす やわらぐ（心などが）
generate [dʒénərèit]	を発生させる	
burn [bə:rn]	燃える	を燃やす をやけどさせる
burst [bə:rst]	破裂する	爆発する
explode [iksplóud]	爆発する	
destroy [distrɔ́i]	を破壊する	を壊す を滅ぼす

37

ロケット

科学者、最新のロケットを**develop**する

実験のため計器を機内に**install**し

しっかりと**fix**する

複雑なコードを計器に**connect**する

ロケットを**launch**し

飛行の状態を**observe**する

遠隔地から機体を**operate**し

ロケットの速度を**accelerate**する

そして、ロケットのスピードを**time**する

機体がぐらぐらと**sway**する

エンジントラブルが**occur**し

高熱で機体を**dissolve**する

ロケットは失速し、地面に**crash**する

研究を重ね、ロケットの性能を**improve**する

8

develop [divéləp]	を開発する	を発達させる を現像する
install [instɔ́:l]	を取り付ける(装置など)	の就任式を行う
fix [fiks]	を固定する	を修理する を定める
connect [kənékt]	をつなげる	
launch [lɔ:ntʃ]	を発射する (ロケットなど)	を進水させる(船)
observe [əbzə́:rv]	を観察する	に気づく を守る(法律など)
operate [ápərèit]	を操作する(機械など)	手術する 作動する
accelerate [əksélərèit]	を速める(速度)	
time [taim]	を計る(速度)	图時間
sway [swei]	揺れる	を揺さぶる 图揺れ
occur [əkə́:r]	起こる(事が)	生じる ふと心に浮かぶ
dissolve [dizálv]	を溶かす	溶ける を解消する
crash [kræʃ]	墜落する	大きな音をたてて壊れる 图衝突
improve [imprú:v]	を改良する	を改善する よくなる

39

算数の計算

算数の授業で、数を **calculate** する

21に13を **add** し、34

27から 8 を **subtract** し、19

7 と 8 を **multiply** し、56

40を 5 で **divide** し、8

演算問題をたくさん **practice** する

次々と問題を **solve** し

計算方法を **grasp** する

しかし、集中力を **lack** し

ときどき計算を **err** する

そして、「ハ〜」と **sigh** する

家に帰って、算数を **review** する

苦手な割り算に時間を **spare** する

徐々に計算能力を **acquire** する

9

☐ **calculate** [kǽlkjulèit]	を計算する	見積もる
☐ **add** [æd]	を加える	
☐ **subtract** [səbtrǽkt]	を引く	
☐ **multiply** [mʌ́ltəplài]	を掛ける	を増やす どんどん増える
☐ **divide** [diváid]	を割る	を分ける を分配する
☐ **practice** [prǽktis]	を練習する	を実行する 名練習
☐ **solve** [sɑlv]	を解く(問題など)	を解明する
☐ **grasp** [grǽsp]	を理解する	をつかむ 名理解
☐ **lack** [lǽk]	を欠く	名不足
☐ **err** [ə:r]	誤る(文語的)	過ちを犯す
☐ **sigh** [sai]	ため息をつく	名ため息
☐ **review** [rivjú:]	を復習する	名復習 名批判
☐ **spare** [spɛər]	をさく(時間など)	形予備の 名予備の部品
☐ **acquire** [əkwáiər]	を習得する	を獲得する

41

探検

A氏、仲間とジャングルを**explore**する

突然、猛獣がまわりに**crowd**し

彼らを**surround**する

手足がガタガタと**tremble**し

顔は**pale**する

猛獣、彼らを恐怖で**frighten**させる

近くに滝が**flow**している

みんな、そこに向かって**rush**する

滝の下を**overlook**する

一瞬**hesitate**するが

思い切って**dive**する

A氏、あたりを**survey**し

仲間を必死で**save**する

が、仲間の一人は**drown**する

10

□**explore** [iksplɔ́ːr]	を探検する	
□**crowd** [kraud]	に群がる	名群衆
□**surround** [səráund]	を囲む	を取り巻く
□**tremble** [trémbl]	震える(人・声など)	揺れる 名震え
□**pale** [peil]	青ざめる	形青白い
□**frighten** [fráitn]	をおびえさせる	をぎょっとさせる
□**flow** [flou]	流れる (川・水・涙などが)	名流れ
□**rush** [rʌʃ]	突進する	名突進
□**overlook** [òuvərlúk]	を見下ろす	を大目に見る を見落とす
□**hesitate** [hézətèit]	ためらう	躊躇する 口ごもる
□**dive** [daiv]	飛び込む(水中に)	水にもぐる 名飛び込み
□**survey** [sərvéi]	を見渡す	を調査する
□**save** [seiv]	を救う	をたくわえる 貯金をする
□**drown** [draun]	おぼれて死ぬ	をおぼれて死なせる

43

訓練

多くの青年が軍隊に**enroll**する

隊長、隊員を**educate**するため

厳しい訓練に**engage**させる

そして、容赦なく隊員を**command**する

銃剣でわら人形を**stick**する

銃器を巧みに**handle**する

岩から岩に**leap**する

ロープを**grip**し

絶壁を**climb**する

茂みを腹ばいになり**crawl**する

昼夜を問わず野山を**wander**する

食糧がなくても**survive**すべく

素手で蛇を**seize**する

厳しい訓練で、隊員を戦士に**convert**する

11

enroll [inróul]	入隊する	を会員にする を入学させる
educate [édʒukèit]	を教育する	を訓練する
engage [ingéidʒ]	を従事させる	を約束する
command [kəmǽnd]	を命令する	名命令
stick [stik]	を突き刺す	を張り付ける
handle [hǽndl]	を扱う	に手を触れる 名柄
leap [li:p]	跳ぶ	跳ねる 大きく変化する
grip [grip]	をしっかり握る	を引きつける 名理解
climb [klaim]	を登る	
crawl [krɔ:l]	腹ばいで進む	はう のろのろと進行する
wander [wándər]	歩きまわる (あてもなく)	さまよう 迷子になる
survive [sərvaiv]	生き残る	長生きする
seize [si:z]	をつかむ(急に強く)	を襲う(病気など) を奪う
convert [kənvə́:rt]	を改造する	転換する 両替する

作業

ベルトコンベアーから製品を**lift**し

斜めに**incline**する

そして、問題がないか外観を**check**する

不良品はラインから**remove**し

別な場所に**shift**する

合格した製品を箱に**pack**し

合格シールを**attach**する

出荷する製品を**carry**し

種類別に**portion**する

また、発送先別に**distribute**する

製品をトラックに**load**し

ロープで**bind**する

積載した製品を**transport**する

そして、それぞれの販売業者に**deliver**する

12

lift [lift]	を持ち上げる	を高める を解除する
incline [inkláin]	を傾ける(文語的)	傾く 傾斜する
check [tʃek]	を点検する	を一時預かりにする 名小切手
remove [rimú:v]	を取り去る	を脱ぐ を解任する
shift [ʃift]	を移す	を変える 名交替
pack [pæk]	を詰める	を荷造りする 名包み
attach [ətǽtʃ]	を張り付ける	をつける
carry [kǽri]	を運ぶ	を持ち歩く を伝える
portion [pɔ́:rʃən]	を分ける	名部分
distribute [distríbju(:)t]	を分配する	を配る
load [loud]	を載せる	に積む 名積み荷
bind [baind]	を縛る	に包帯を巻く を製本する
transport [trænspɔ́:rt]	を輸送する	トゥランスポート 名輸送
deliver [dilívər]	を配達する	を届ける

財産の相続

親の死で、莫大な財産を **inherit** する

今まで、肉体労働でお金を **earn** していたが

これを機会に会社を **quit** する

銀行にお金を **deposit** するが

徐々に預金を **withdraw** し

お金を **spend** する

知り合いにお金を **lend** したり

ラスベガスでお金を **bet** したり

株にお金を **invest** したり

どんどんとお金を **consume** する

無駄なことにお金を **waste** する

お金はみるみる **decrease** し

そして、ついに全財産を **lose** する

挙句の果てに、サラ金でお金を **borrow** する

13

☐ **inherit** [inhérit]	を相続する	
☐ **earn** [ə:rn]	を稼ぐ	を得る を受ける
☐ **quit** [kwit]	をやめる	辞職する
☐ **deposit** [dipázit]	を預金する	を預ける 名預金
☐ **withdraw** [wiðdrɔ́:]	を引き出す	を引っ込める を撤回する
☐ **spend** [spend]	を使う（お金）	を過ごす（時） を使い果たす
☐ **lend** [lend]	を貸す（お金・力など）	
☐ **bet** [bet]	を賭ける（お金など）	名賭け
☐ **invest** [invést]	を投資する（お金など）	
☐ **consume** [kəns(j)ú:m]	を消費する	を使い果たす を食べる
☐ **waste** [weist]	を浪費する	を無駄に使う 名浪費
☐ **decrease** [dikrí:s]	減少する	名減少 ディークリース
☐ **lose** [lu:z]	をなくす	を失う に負ける
☐ **borrow** [bárou]	を借りる	を天火で蒸し焼き にする

49

乙女の心

A子、恋人のカップルを見て**envy**し

自分もステキな恋愛を**wish**する

そして、甘い恋愛を頭の中で**imagine**する

ある日、青年が彼女に**approach**する

A子、彼から直接手紙を**receive**する

手紙の宛名を**confirm**する

ラブレターかしらと**wonder**する

ラブレターであることを**expect**する

ラブレター。彼女を**please**させる

当然、交際の申し込みを**accept**する

しばらく交際を**continue**するが

つまらぬ男性で、彼女を**discourage**させる

結局、彼との交際を**cease**し

再び、新たな恋を**seek**する

14

envy [énvi]	をうらやむ	图うらやみ
wish [wiʃ]	を願う	望む 图願い
imagine [imǽdʒin]	を想像する	
approach [əpróutʃ]	に近づく	图近づくこと
receive [risíːv]	を受け取る	を迎える
confirm [kənfə́ːrm]	を確かめる (間違いがないか)	
wonder [wʌ́ndər]	~かしらと思う	に驚く 图驚き
expect [ikspékt]	を期待する (当然のこととして)	を予期する と思う
please [pliːz]	を喜ばせる	を好む
accept [əksépt]	を受け入れる	
continue [kəntínjuː]	を続ける	続く
discourage [diskə́ːridʒ]	を落胆させる	
cease [siːs]	をやめる(文語的)	を中止する やむ
seek [siːk]	を捜す(形式語的)	

お見合い

A子、お見合いに **attend** する

軽く頭を下げ **bow** する

相手の顔を **glimpse** する

恥ずかしさで **blush** する

改めて彼の顔を **gaze** する

好きな俳優に **resemble** している

彼女を **delight** させる

素敵な男性、A子の心を **attract** し

彼女を **fascinate** する

A子、つつましく **behave** し

彼の質問に率直に **answer** する

また、話に耳を傾け **nod** する

A子、彼との結婚を **decide** し

後日、仲人を通して結婚の意志を **communicate** する

15

□**attend** [əténd]	に出席する	の世話をする に専心する
□**bow** [bau]	おじぎする	图おじぎ
□**glimpse** [glim(p)s]	をちらっと見る	图一見
□**blush** [blʌʃ]	赤面する	图赤面
□**gaze** [geiz]	見つめる	
□**resemble** [rizémbl]	に似ている	
□**delight** [diláit]	を喜ばせる	图大喜び
□**attract** [ətrǽkt]	を引きつける	を魅惑する
□**fascinate** [fǽs(ə)nèit]	を魅了する	
□**behave** [bihéiv]	ふるまう	行儀よくする
□**answer** [ǽnsər]	に答える（質問など）	图答え
□**nod** [nɑd]	うなずく（同意して）	会釈する こっくりする
□**decide** [disáid]	を決心する	決定する
□**communicate** [kəmjúːnəkèit]	を知らせる	通信する

53

女優の結婚式

大物女優 A、結婚の申し出を**accept**し

実業家の男性と**marry**することを

強く**determine**する

プロダクションの社長に**consult**し

記者会見を**hold**する

大勢の報道陣が**gather**する

そこで、婚約を**announce**し

結婚の意志を**declare**する

突然の知らせ、報道陣を**amaze**させる

披露宴の日時と場所を**inform**し

多くの芸能人を**invite**する

当日、多数の招待客が会場に**participate**する

二人を**congratulate**し

そして、二人の結婚を**bless**する

16

□**accept** [əksépt]	を受け入れる	を受け止める を認める
□**marry** [mǽri]	と結婚する	
□**determine** [ditə́ːrmin]	を決心する	を決定する と決める
□**consult** [kənsʌ́lt]	に相談する	に意見を求める
□**hold** [hould]	を開く（会など）	を保つ 続ける
□**gather** [gǽðər]	集まる	を集める を収穫する
□**announce** [ənáuns]	を発表する（正式に）	を知らせる
□**declare** [diklέər]	宣言する	と断言する の申告をする
□**amaze** [əméiz]	をひどくびっくりさせる	
□**inform** [infɔ́ːrm]	を通知する（形式語的）	に知らせる
□**invite** [inváit]	を招待する	
□**participate** [pɑːrtísəpèit]	参加する	に加わる
□**congratulate** [kəngrǽtʃulèit]	を祝う	
□**bless** [bles]	を祝福する	に感謝する

仲のいい夫婦

仲のいい夫婦は、お互いを**respect**し

そして、相手を**support**する

相手の欠点を素直に**acknowledge**し

それを**mind**しないし

また、まったく**care**しない

主人は、妻を**require**し

そして**rely**する

主人は、心から妻に**thank**する

妻は主人に**serve**し

主人の身のまわりを**aid**する

お互い嬉しいときは、喜びを**share**し

苦しんでいるときは相手を**worry**し

そして共にお互いを**comfort**する

愛は二人を**unite**する

17

respect [rispékt]	を尊敬する	を尊重する 名尊敬の念
support [səpɔ́ːrt]	を支える	を養う 名支え
acknowledge [əknɑ́lidʒ]	を認める	
mind [maind]	を嫌がる （ふつう疑問文・否定文で）	に気をつける 名心
care [kɛər]	気にかける （ふつう疑問文・否定文で）	名用心 名心配
require [rikwáiər]	を必要とする	
rely [rilái]	を頼りとする	に頼る をあてにする
thank [θæŋk]	に感謝する	名感謝（複数形で）
serve [səːrv]	に仕える	に給仕する の役に立つ
aid [eid]	を助ける（文語的）	を手伝う 名手伝い
share [ʃɛər]	分かちあう	をともにする 名分け前
worry [wɔ́ːri]	心配する	を悩ませる 名心配
comfort [kʌ́mfərt]	を慰める	名快適さ
unite [juːnáit]	を一つにする	を結合する

マイホーム

A氏、かねてよりマイホームを**long**する

莫大な費用が**cost**するが

思いきって、業者に建設を**order**する

業者、建築の依頼を**undertake**し

正式に**contract**する

業者、建設に着工し家を**construct**する

4ヶ月後に家を**complete**する

業者、頑丈な家であることを**assure**し

10年間の無料修理を**guarantee**する

A氏、業者を**trust**し

お金を支払い、家を**possess**する

そして、新築の家に**furnish**する

A氏、妻子の願いを**grant**し

一家の主としての責任を**fulfil**する

18

□**long** [lɔ(:)ŋ]	切望する	
□**cost** [kɔ(:)st]	がかかる(費用・金額)	を犠牲にさせる 名費用
□**order** [ɔ́:rdər]	を注文する	を命じる 名命令
□**undertake** [ʌ̀ndərtéik]	を引き受ける (仕事・役目など)	を企てる に着手する
□**contract** [kəntrǽkt]	を契約する	名契約 (カントゥラクト)
□**construct** [kənstrʌ́kt]	を建設する	を組み立てる
□**complete** [kəmplíːt]	を完成する	を仕上げる 形完全な
□**assure** [əʃúər]	を保証する	に保証する
□**guarantee** [gæ̀rəntíː]	を保証する	名保証
□**trust** [trʌst]	を信用する	を信頼する 名信頼
□**possess** [pəzés]	を所有する(形式語的)	を持つ
□**furnish** [fə́:rniʃ]	に家具を入れる (家・部屋)	に供給する
□**grant** [grænt]	をかなえる(人の願い)	を与える(権利など)
□**fulfil** [fulfíl]	を果たす(約束・責任)	を実現する (望みなど)

離婚

主人、浮気で妻を**betray**する

妻、主人の挙動を**suspect**し

ついに、主人の浮気に**notice**する

妻、主人を口汚く**abuse**し

浮気したことを**accuse**する

妻、耐えがたい苦しみを**suffer**する

歯をくいしばり苦しみを**endure**するが

主人の裏切りは妻を**annoy**させる

嫉妬で、彼女の心を**exhaust**させる

妻、主人を心から**dislike**し

夜の営みを**refuse**する

主人との結婚を**regret**する

夫婦生活に**despair**し

ついに、主人と**divorce**する

19

□**betray** [bitréi]	を裏切る （人・約束・信頼など）	を暴露する （弱点など）
□**suspect** [səspékt]	を怪しいと思う	に疑惑をかける の容疑をかける
□**notice** [nóutis]	に気づく	名通知 名注目
□**abuse** [əbjú:z]	をののしる	を虐待する を乱用する
□**accuse** [əkjú:z]	を責める	を非難する を告訴する
□**suffer** [sʌ́fər]	を受ける（苦痛・損害）	苦しむ 悩む
□**endure** [ind(j)úər]	を我慢する	に耐える 持ちこたえる
□**annoy** [ənɔ́i]	をいらいらさせる	を困らせる
□**exhaust** [igzɔ́:st]	を疲れ果てさせる	を使い果たす （金・食料など）
□**dislike** [disláik]	を嫌う	名嫌い
□**refuse** [rifjú:z]	を拒否する	を断る を拒絶する
□**regret** [rigrét]	を後悔する	残念に思う 名残念
□**despair** [dispéər]	絶望する	名絶望
□**divorce** [divɔ́:rs]	と離婚する	名離婚

病気

「ハックション！」と**sneeze**する

「ゴホンゴホン」と**cough**する

だらだらと全身に**sweat**する

発熱がしばらく**last**する

ベッドに入って**rest**する

全身がズキンズキンと**hurt**する

痛みを必死に**bear**するが

痛くて**stand**できない

病院に行き、病気を**treat**する

しかし、症状はますます**deteriorate**する

やむなく**operate**する

一時は死に直面するが**revive**する

衰弱した健康を**restore**する

以後、健康のため酒の量を**limit**する

20

sneeze [sni:z]	くしゃみをする	名くしゃみ
cough [kɔ(:)f]	せきをする	名せき
sweat [swet]	汗をかく	名汗
last [læst]	続く	持ちこたえる
rest [rest]	休む	名休息
hurt [hə:rt]	痛む	に怪我をさせる を害する(感情など)
bear [beər]	に耐える	を抱く (愛情・恨みなど)
stand [stænd]	を我慢する	立つ 名屋台
treat [tri:t]	を治療する	を扱う におごる
deteriorate [dití(ə)riərèit]	悪化する	
operate [ápərèit]	手術する	を経営する を運転する
revive [riváiv]	生き返る	を生き返らせる 元気を取り戻す
restore [rìstɔ́:r]	を回復する (健康・秩序など)	を戻す を修復する
limit [límit]	を制限する	名限界

63

英語講師

予備校の講師、指導の内容を**prepare**する

教壇に立って生徒に**lecture**する

英語を読み、流暢に**pronounce**する

英語を日本語に**translate**する

本文の内容を大まかに**summarize**する

重要な箇所を**indicate**する

試験に出る部分を**extract**する

そして、何度もそこを**emphasize**する

生徒をうまく**lead**し

「やればできる！」と生徒を**encourage**する

ときには、ガツンと**scold**し

生徒のやる気を**derive**する

単語を覚えることを**force**する

ときどき、生徒に**examine**する

21

☐ **prepare** [pripéər]	の準備をする	を用意する
☐ **lecture** [léktʃər]	講義する	名講義
☐ **pronounce** [prənáuns]	を発音する	を下す(判決など)
☐ **translate** [trænsléit]	を翻訳する	
☐ **summarize** [sʌ́məràiz]	を要約する	
☐ **indicate** [índikèit]	を指し示す	
☐ **extract** [ikstrǽkt]	を抜粋する	を抜き取る を引き出す
☐ **emphasize** [émfəsàiz]	を強調する	
☐ **lead** [li:d]	を導く	を案内する 通じる
☐ **encourage** [inkə́:ridʒ]	を勇気づける	を励ます
☐ **scold** [skould]	をしかる (大人には用いない)	
☐ **derive** [diráiv]	を引き出す (性質・利益など)	由来する
☐ **force** [fɔ:rs]	を強いる	名力 名暴力
☐ **examine** [igzǽmin]	に試験をする	を調査する

65

科学者

科学者は、何事によらず物事を**doubt**し

そのことについて**consider**する

同じことを何度も**reconsider**する

また、あらゆる問題を**guess**し

論理的な筋道をたてて**deduce**する

そして、問題の本質を**analyze**する

また、いろいろな視点を一つに**combine**し

その内容を明確に**define**する

あるときは、問題を「こうではないか」と**assume**し

自説の正しさを**demonstrate**すべく

数式を使って**prove**する

ときには、原因となる問題を**confuse**し

いろいろな面で**conflict**することもある

しかし深い思索は、真理を**realize**する

22

doubt [daut]	を疑う	名疑い
consider [kənsídər]	をよく考える	
reconsider [rì:kənsídər]	を再考する	を考え直す
guess [ges]	を推測する	と思う 名推測
deduce [did(j)ú:s]	を推論する	と推測する
analyze [ǽnəlàiz]	を分析する	
combine [kəmbáin]	を結びつける	を結合せる
define [difáin]	を定義する	を限定する
assume [əs(j)ú:m]	を仮定する	を引き受ける (任務・責任など)
demonstrate [démənstrèit]	を実証する(学説など)	を説明する デモをする
prove [pru:v]	を証明する	を試す
confuse [kənfjú:z]	を混同する	を困惑させる
conflict [kənflíkt]	矛盾する	名衝突 _{カンフリクト}
realize [rí(:)əlàiz]	を悟る(事実)	を実現させる

67

芸術家

ロダン、粘度で人体を**shape**する

作品は、「人体の美」を**represent**する

ベートーベン、素晴らしい曲を**compose**する

「運命」を聴衆の前で**perform**する

トルストイ、名文で人物を**describe**する

「戦争と平和」を本にして**publish**する

芸術家は、偉大なる作品を**create**し

自分自身を作品で**express**する

また、自分の内面を入々に**transmit**する

偉大なる芸術作品は人々を**stimulate**し

魂を**excite**させる

評論家は、彼らの作品を**value**し

最大級の形容詞を使って**praise**する

そして、拍手し彼らに**acclaim**する

23

□**shape** [ʃeip]	を形づくる	名形 名状態
□**represent** [rèprizént]	を表現する	を描く を代表する
□**compose** [kəmpóuz]	をつくる（音楽・詩など）	を組み立てる
□**perform** [pərfɔ́:rm]	演奏する	を行う 上演する
□**describe** [diskráib]	を描写する（文や絵で）	を述べる
□**publish** [pʌ́bliʃ]	を出版する	を発表する
□**create** [kriéit]	を創造する	をつくりだす
□**express** [iksprés]	を表現する （言葉・表情・行動などで）	名急行 形急行の
□**transmit** [trænzmít]	を伝える（知識・構報など）	を伝導する （熱・光・電流など）
□**stimulate** [stímjulèit]	を刺激する	を元気づける
□**excite** [iksáit]	を興奮させる	
□**value** [vǽlju(:)]	を評価する	名価値
□**praise** [preiz]	を賞賛する	名賞賛
□**acclaim** [əkléim]	に喝采を送る	名喝采

話す

恐怖で「キャ〜」と **scream** する
スクリーム

ミスを犯し「すみません」と **apologize** する
アパロヂァイズ

怒りに震える友人を **soothe** する
スーズ

素晴らしい人格者を心から **admire** する
アドゥマイア

感動した本を人に **recommend** する
レコメンド

友人に自分の秘密を **reveal** する
リヴィール

芸能人の隠された秘密を **expose** する
イクスポウズ

出された提案に快く **agree** する
アグリー

提示された案に真っ向から **object** する
オブヂェクト

日照権の問題で、ビル建設に **oppose** する
オポウズ

怒りで相手をののしり **insult** する
インサルト

危険地帯に立ち入らないように **warn** する
ウォーン

違法な行為をしないように **caution** する
コーション

裁判所に加害者を **sue** する
ス(ュ)ー

70

24

□ **scream** [skri:m]	悲鳴をあげる	名悲鳴
□ **apologize** [əpálədʒàiz]	謝る	
□ **soothe** [su:ð]	をなだめる	をやわらげる（苦痛など）
□ **admire** [ədmáiər]	を称賛する	に感心する に感嘆する
□ **recommend** [rèkəménd]	を推薦する	を勧める
□ **reveal** [riví:l]	を漏らす(秘密など)	を現す
□ **expose** [ikspóuz]	を暴露する(秘密など)	にさらす（危険・風雨など）
□ **agree** [əgrí:]	同意する	一致する（意見が）
□ **object** [əbdʒékt]	反対する	名対象 アブジェクト
□ **oppose** [əpóuz]	に反対する	
□ **insult** [insʌlt]	を侮辱する	名侮辱 インサルト
□ **warn** [wɔ:rn]	に警告する	予告する
□ **caution** [kɔ́:ʃən]	に警告する	名用心
□ **sue** [s(j)u:]	を告訴する	を訴える

71

出家

連続する不幸、A氏を **distress** する

A氏、耐えられない苦痛に **suffer** し

struggle する

次々に降りかかる不幸を **fear** する

A氏、救いを仏に **depend** する

持っている財産をお寺に **contribute** する

自分の地位を **desert** し

自分の生涯を仏に **dedicate** する

修行に全精力を **devote** する

やがて、苦しみを **rid** し

心のわずらいを **release** し

心の平安を **regain** する

損なっていた健康を **recover** する

仏の慈悲を **appreciate** する

25

distress [distrés]	を苦しめる	名苦悩 名悩み
suffer [sʌ́fər]	苦しむ	を受ける （苦痛・損害など）
struggle [strʌ́gl]	もがく	じたばたする 名もがき
fear [fiər]	を恐れる	名恐れ 名心配
depend [dipénd]	に頼る	をあてにする
contribute [kəntríbju(:)t]	を寄付する	
desert [dizə́ːrt]	を捨てる（職務・家族など）	脱走する
dedicate [dédəkèit]	に捧げる（命・一生など）	を奉納する
devote [divóut]	に捧げる（時間・精力を）	にあてる
rid [rid]	を取り除く	
release [rilíːs]	を解放する	を自由にする 名解放
regain [rigéin]	を取り戻す	を回復する
recover [rikʌ́vər]	を回復する	を取り戻す
appreciate [əpríːʃièit]	をありがたく思う （同情・好意など）	を正しく認識する

73

エクソシスト

この世に悪霊は **exist** する

悪魔は人の心に住み、魂を **control** する

悪霊に憑かれた少女は、苦痛で **groan** する

からだを爪で **scratch** し

首を **twist** する

突然、からだが空中に **float** する

神父は神に **pray** し

悪霊と **fight** する

聖水を悪霊に **sprinkle** し

悪霊を **expel** する

悪魔が神父の前に **appear** し

悲痛な声をあげて **flounder** する

そして **disappear** する

神父は、少女から苦痛を **relieve** する

26

☐ **exist** [igzíst]	存在する	生存する
☐ **control** [kəntróul]	を支配する	を抑える 名支配
☐ **groan** [groun]	うめく	うなる
☐ **scratch** [skrætʃ]	をひっかく	を取り消す
☐ **twist** [twist]	をねじる	をよる をねんざする
☐ **float** [flout]	浮かぶ	漂う
☐ **pray** [prei]	祈る	
☐ **fight** [fait]	戦う	□論する 名戦い
☐ **sprinkle** [spríŋkl]	かける(水・粉など)	をまく へ水をまく
☐ **expel** [ikspél]	を追い出す	を吐き出す
☐ **appear** [əpíər]	現れる	出る 見える
☐ **flounder** [fláundər]	もがく	あがく のたうちまわる
☐ **disappear** [dìsəpíər]	消える	見えなくなる なくなる
☐ **relieve** [rilí:v]	を取り除く (苦痛・不安など)	を交替する

75

ヤクザ

ヤクザ、店内で騒ぎ、営業を**disturb**し

まわりのお客を**scare**させる

手にした木刀で窓ガラスを**strike**し

店に**damage**する

ナイフをちらつかせて主人を**threaten**する

顔を切りつけ主人を**wound**する

ゲンコツで顔を**hit**し

injureする

そして、無理やりお金を**rob**する

ヤクザは、嘘を言って人を**cheat**する

書類を偽造し、人を**deceive**する

店に押し入って貴金属を**steal**する

ヤクザは、様々な犯罪を**violate**し

人と社会を**harm**する

76

27

☐ **disturb** [distə́:rb]	の邪魔をする	を妨げる を不安にする
☐ **scare** [skɛər]	を怖がらせる	をおびえさせる 名恐れ
☐ **strike** [straik]	を打つ	を殴る に当たる
☐ **damage** [dǽmidʒ]	に損害を与える	名損害
☐ **threaten** [θrétn]	をおどす	を脅迫する
☐ **wound** [wu:nd]	を傷つける	名傷
☐ **hit** [hit]	を殴る	を打つ をぶつける
☐ **injure** [índʒər]	を傷つける	を害する (感情など)
☐ **rob** [rɑb]	を奪う	
☐ **cheat** [tʃi:t]	をだます	カンニングをする
☐ **deceive** [disí:v]	をだます	をあざむく
☐ **steal** [sti:l]	を盗む	
☐ **violate** [váiəlèit]	を犯す(規則・協定など)	に暴行する を汚す
☐ **harm** [hɑ:rm]	を害する	を傷つける 名害

事件

住宅街で殺人事件が **arise** する
<small>アライズ</small>

第一発見者、警察に **report** する
<small>リポート</small>

警察、現場での人の出入りを **restrict** する
<small>リストゥリクト</small>

刑事、殺人に使われた凶器を **search** する
<small>サーチ</small>

刑事、犯人は身内であると **suppose** する
<small>サボウズ</small>

凶器の指紋が容疑者のものと **correspond** する
<small>コ（ー）レスパンド</small>

刑事、容疑者の行方を **trace** する
<small>トゥレイス</small>

刑事、ついに彼の居場所を **locate** する
<small>ロウケイト</small>

容疑者・隠れ家から **escape** する
<small>エスケイプ</small>

刑事、彼を **chase** し
<small>チェイス</small>

彼を **capture** する
<small>キャプチァ</small>

そして、手錠をかけ **arrest** する
<small>アレスト</small>

容疑者、素直に犯行を **admit** する
<small>アドゥミット</small>

刑事、事件を無事 **settle** する
<small>セトゥル</small>

78

28

☐ **arise** [əráiz]	発生する(問題などが)	起こる
☐ **report** [ripɔ́:rt]	を通報する(公式に)	名報告 名記事
☐ **restrict** [ristríkt]	を制限する	
☐ **search** [sə:rtʃ]	を捜索する	を調べる 名捜索
☐ **suppose** [səpóuz]	と思う	
☐ **correspond** [kɔ(:)rəspánd]	一致する	文通する
☐ **trace** [treis]	を追跡する	を跡をたどる
☐ **locate** [lóukeit]	を捜し出す	を置く (店・事務所など)
☐ **escape** [iskéip]	逃げる(束縛などから)	を逃れる 名脱出
☐ **chase** [tʃeis]	を追いかける	名追跡
☐ **capture** [kǽptʃər]	を捕らえる	
☐ **arrest** [ərést]	を逮捕する	名逮捕
☐ **admit** [ədmít]	を白状する	を入れる を認める
☐ **settle** [sétl]	を解決する	を安定させる 定住する

刑事

殺人現場、部外者の立ち入りを**forbid**する

凄惨な現場、刑事を**stun**させ

upsetさせる

刑事、平静を**retain**しつつも

ガタガタと**shudder**する

刑事、犯行現場にしばらく**remain**し

壁に書かれた血の文字を**interpret**する

犯人は、小説の内容を**imitate**する

刑事、昔の事件を**recall**する

刑事、犯人像を**reason**する

以前に起きた謎の事件を**relate**し

事件を同一犯の犯行と**regard**する

刑事、事件を**resolve**すべく

必死に、この事件に**wrestle**する

29

☐ **forbid** [fərbíd]	を禁じる	
☐ **stun** [stʌn]	を呆然とさせる	を気絶させる
☐ **upset** [ʌpsét]	をうろたえさせる	ひっくり返す をダメにする
☐ **retain** [ritéin]	を保つ(文語的)	を保持する
☐ **shudder** [ʃʌdər]	身震いする (恐ろしさ・寒さなどで)	ぞっとする
☐ **remain** [riméin]	とどまる	居残る
☐ **interpret** [intə́ːrprit]	を解釈する	通訳する
☐ **imitate** [ímətèit]	を真似る	
☐ **recall** [rikɔ́ːl]	を思い出す	を思い出させる 名召還
☐ **reason** [ríːzn]	推理する	名理由 名理性
☐ **relate** [riléit]	を関係づける	関係がある
☐ **regard** [rigáːrd]	を~とみなす	名尊敬 名注意
☐ **resolve** [rizálv]	を解決する (問題・困難など)	決心する を分解する
☐ **wrestle** [résl]	取り組む(問題などに)	格闘する

81

ビジネスマン

A氏、会社の業務に自分を**adapt**させ
<small>アダプト</small>

会社の環境に**adjust**する
<small>アヂャスト</small>

与えられた仕事に意識を**concentrate**し
<small>カンセントゥレイト</small>

業務に**strive**する
<small>ストゥライヴ</small>

仕事で様々なことを**undergo**し
<small>アンダゴウ</small>

幾多の障害を**overcome**する
<small>オウヴァカム</small>

上司にあらゆる情報を**offer**し
<small>オ(ー)ファ</small>

営業方針について**refer**する
<small>リファ～</small>

画期的なアイデアを**conceive**し
<small>コンスィーヴ</small>

その実現に向け、上司を**persuade**する
<small>パスウェイド</small>

彼の発想は、上司を**astonish**させる
<small>アスタニシ</small>

会社も、その意見を**approve**する
<small>アプルーヴ</small>

会社は、おかげで莫大な利益を**obtain**し
<small>オブテイン</small>

彼は、会社から絶大なる信頼を**gain**する
<small>ゲイン</small>

30

☐ **adapt** [ədǽpt]	を適応させる	を改造する
☐ **adjust** [ədʒʌ́st]	順応する	を調節する
☐ **concentrate** [kɑ́nsəntrèit]	を集中する	を集める (一ヵ所に)
☐ **strive** [straiv]	励む(文語的)	努力する (〜を得ようと)
☐ **undergo** [ʌ̀ndərgóu]	を経験する	を受ける (苦難・試験など)
☐ **overcome** [òuvərkʌ́m]	を乗り越える	に打ち勝つ を打ち負かす
☐ **offer** [ɔ́(:)fər]	を提供する	名申し出
☐ **refer** [rifə́:r]	言及する	のことを話す を参照する
☐ **conceive** [kənsí:v]	を思いつく(計画など)	
☐ **persuade** [pərswéid]	を説得する	
☐ **astonish** [əstɑ́niʃ]	をびっくりさせる	
☐ **approve** [əprú:v]	を承認する	をよいと思う
☐ **obtain** [əbtéin]	を得る	を手に入れる を達成する
☐ **gain** [gein]	を得る	を増す 名利益

有能な上司

有能な上句は、部下をうまく**conduct**し

仕事をしたい気持ちに**dispose**させる

また、力がわくように部下を**refresh**し

部下にやる気を**motivate**する

そして、必ず「できる！」と**convince**させ

部下を**inspire**させる

あるときは、部下の意見に**compromise**し

相手の要求を**concede**する

そして、惜しみなく部下に**cooperate**する

部下が失敗してもそれを**forgive**し

忍耐強く**tolerate**する

また、部下の努力を**recognize**し

部下を正しく**evaluate**する

そして、部下の実績を**appreciate**する

31

□**conduct** [kəndʌ́kt]	を導く	名行い （カンダクト）
□**dispose** [dispóuz]	に~する気にさせる	を配列する を配置する
□**refresh** [rifréʃ]	を元気づける	の気分をさわやか にする
□**motivate** [móutəvèit]	に動機づける	に動機を与える
□**convince** [kənvíns]	に~と確信させる	に~と納得させる
□**inspire** [inspáiər]	奮いたたせる	を奮起させる
□**compromise** [kámprəmàiz]	妥協する	名妥協
□**concede** [kənsíːd]	を認める（譲歩して）	を与える （権利として）
□**cooperate** [kouápərèit]	協力する	協同する
□**forgive** [fərgív]	を許す	
□**tolerate** [tálərèit]	を我慢する	を耐える
□**recognize** [rékəgnàiz]	を認める	をそれと認める を承認する
□**evaluate** [ivǽljuèit]	を評価する	を鑑定する
□**appreciate** [əpríːʃièit]	を高く評価する	を正しく認識する をありがたく思う

無能な社員

無能な社員は、平気で仕事を**neglect**する

上司に注意されると**resent**し

「なんだかんだ」と**excuse**する

仕事でしょっちゅう**trip**するが

自分の失敗を**deny**し

平気で自分自身を**justify**する

他人が失敗すると、それを**condemn**し

相手に恥を**humiliate**する

そして、相手を**offend**させる

絶えず自分の考えを**claim**するが

相手の意見は**ignore**する

このタイプの社員は、上司を**bother**し

上司に重荷を**burden**する

そして、会社の発展を**prevent**する

32

□**neglect** [niglékt]	を怠る（義務など）	图怠慢
□**resent** [rizént]	に憤慨する（言動など）	を不快に思う を恨む
□**excuse** [ikskjú:z]	の言い訳をする	图言い訳 *イクスキューズ*
□**trip** [trip]	過ちを犯す	つまずく 图旅行
□**deny** [dinái]	を否定する	を否認する
□**justify** [dʒʌ́stəfài]	を正当化する	を正しいとする
□**condemn** [kəndém]	を責める	をとがめる を有罪と判決する
□**humiliate** [hju(:)mílièit]	恥をかかせる	の自尊心を傷つける
□**offend** [əfénd]	を怒らせる	の感情を害する に不快感を与える
□**claim** [kleim]	を主張する	を要求する 图要求
□**ignore** [ignɔ́:r]	を無視する	
□**bother** [báðər]	を悩ます	
□**burden** [bɔ́:rdn]	に重い荷物を負わせる	图重荷
□**prevent** [privént]	を妨げる	を防ぐ を予防する

会社

会社を新しく**found**する
<small>ファウンド</small>

従業員を大量に**employ**する
<small>エンプロイ</small>

アルバイトを新しく**hire**する
<small>ハイア</small>

社内を統括し**organize**する
<small>オーガナイズ</small>

会社を順調に**run**する
<small>ラン</small>

事業を大きく**expand**する
<small>イクスパンド</small>

各事業を機能的に**manage**する
<small>マネヂ</small>

製品を工場で**produce**する
<small>プロデュース</small>

製品をテレビで使って**advertise**する
<small>アドゥヴァタイズ</small>

海外の商社と**trade**する
<small>トゥレイド</small>

原料を**import**し
<small>インポート</small>

製品を**export**する
<small>エクスポート</small>

有能な社員を**promote**させる
<small>プロモウト</small>

無能な社員を**dismiss**する
<small>ディスミス</small>

33

☐**found** [faund]	を設立する （会社・学校など）	を創立する
☐**employ** [implɔ́i]	を雇う	
☐**hire** [háiər]	を雇う(一時的に)	
☐**organize** [ɔ́ːrɡənàiz]	を組織する	を系統だてる
☐**run** [rʌn]	を経営する	を運転する 逃げる
☐**expand** [ikspǽnd]	を拡張する	を広げる 広がる
☐**manage** [mǽnidʒ]	を管理する （事業・家など）	を経営する を操る
☐**produce** [prəd(j)úːs]	を生産する	名農産物 プラデュース
☐**advertise** [ǽdvərtàiz]	を宣伝する	を広告する
☐**trade** [treid]	貿易する	を交換する 名貿易
☐**import** [impɔ́ːrt]	を輸入する	名輸入 インポート
☐**export** [ekspɔ́ːrt]	を輸出する	名輸出 エクスポート
☐**promote** [prəmóut]	を昇進させる	を増進する を促進させる
☐**dismiss** [dismís]	を解雇する	

経営戦略

社長、会社の改革案を **propose** し

経営戦略を大幅に **vary** する

戦略にあわせ、組織も一部 **alter** する

社員に新しい方針を **instruct** する

変革した経営は **succeed** し

業績が他社に **overtake** する

さらに他社と激しく **compete** し

業界トップを **ensure** する

そして、ついに目的を **accomplish** し

業界一を **achieve** する

長い間、業績を **maintain** し

やがて市場を **monopolize** する

しかし、将来の見通しを **mistake** し

倒産を **cause** する

34

☐ **propose** [prəpóuz]	を提案する	を申し込む 結婚を申し込む
☐ **vary** [vé(ə)ri]	を変える	異なる 変わる
☐ **alter** [ɔ́ːltər]	を変える(一部)	を変更する
☐ **instruct** [instrʌ́kt]	に指示する	を教える
☐ **succeed** [səksíːd]	成功する	を引き継ぐ
☐ **overtake** [òuvərtéik]	に追いつく	
☐ **compete** [kəmpíːt]	競争する	
☐ **ensure** [inʃúər]	を確実にする(成功など)	
☐ **accomplish** [əkámpliʃ]	を成し遂げる	
☐ **achieve** [ətʃíːv]	を成し遂げる	を達成する
☐ **maintain** [me(i)ntéin]	を維持する	を続ける を主張する
☐ **monopolize** [mənápəlàiz]	を独占する	
☐ **mistake** [mistéik]	を誤る	を誤解する 名誤り
☐ **cause** [kɔːz]	を引き起こす	の原因となる 名原因

91

工場

新しい事業を **initiate** する

工場をさらに **extend** する

経営コンサルタントの意見を **adopt** し

古い機械を **renew** し

工場のシステムを **reform** する

分かれていた組織を **integrate** し

従業員を効率よく **coordinate** する

そして、無駄な労力を **diminish** する

生産の収益性が **increase** する

製品をどんどん **manufacture** し

市場に製品を **supply** する

他社にも重要な部品を **provide** する

事業は右肩上りに **progress** する

しかし、スモッグと廃水で環境を **pollute** する

35

☐ **initiate** [iníʃièit]	を始める	を創始する
☐ **extend** [iksténd]	を広げる	を延長する 延びる
☐ **adopt** [ədápt]	を採用する (考え・方針など)	を養子にする
☐ **renew** [rin(j)úː]	を新しいものと 取り替える	を更新する を再び始める
☐ **reform** [rifɔ́ːrm]	を改革する	を改正する 改心する
☐ **integrate** [íntəgrèit]	を統合する	
☐ **coordinate** [kouɔ́ːrdənèit]	を働かせる(効率よく)	をつりあわせる
☐ **diminish** [dimíniʃ]	を減らす(文語的)	減少する
☐ **increase** [inkríːs]	増加する	名<ruby>増 加<rt>インクリース</rt></ruby>
☐ **manufacture** [mæn(j)ufǽktʃər]	を製造する	名製造
☐ **supply** [səplái]	を供給する	名供給
☐ **provide** [prəváid]	を供給する	備える
☐ **progress** [prəgrés]	進展する	名<ruby>進 展<rt>プラグレス</rt></ruby>
☐ **pollute** [pəlúːt]	を汚染する	を汚す

93

労働組合

労働者、劣悪な労働条件で**complain**する

その原因を社長のせいに**attribute**し

社長を**blame**する

従業員、かねてよりの計画を**execute**し

組合を**establish**する

そして**strike**する

社長に直接**protest**し

労働条件の改善を**claim**する

また、賃上げも**demand**する

デモを何度も**repeat**し

組合の要求を**urge**する

長引くストは、経営に**affect**し

業績は悪化。社長を**embarrass**させる

社長、組合の要求に渋々**consent**する

36

☐ **complain** [kəmpléin]	不平を言う	苦情を訴える
☐ **attribute** [ətríbju(:)t]	を～のせいにする	
☐ **blame** [bleim]	をとがめる	を責める 图責め
☐ **execute** [éksəkjù:t]	を実行する (計画・命令など)	の死刑を執行する
☐ **establish** [istǽbliʃ]	を設立する(組織)	を制定する
☐ **strike** [straik]	ストライキをする	を打つ を突然襲う
☐ **protest** [prətést]	に抗議する	图抗議 プロウテスト
☐ **claim** [kleim]	を要求する	を主張する 图要求
☐ **demand** [dimǽnd]	を要求する	图需要
☐ **repeat** [ripí:t]	を繰り返す	を繰り返して言う
☐ **urge** [ə:rdʒ]	を催促する	をせきたてる を主張する
☐ **affect** [əfékt]	に影響する	に作用する を感動させる
☐ **embarrass** [imbǽrəs]	を当惑させる	をまごつかせる
☐ **consent** [kənsént]	同意する	图同意

国際会議

各国の代表者、国連の会議に **assemble** し

地球温暖化の問題について **discuss** する

各国代表、意見をぶつけあって **argue** する

メインスピーカー、スライドを使って **illustrate** し

早急な対策の必要牲を **stress** する

各国代表、スピーカーに意見を **inquire** する

スピーカー、質問に **respond** する

質疑応答が長引き、会議の進行を **delay** させる

やむなく会議を一時 **interrupt** する

しばらくして、中断した会議を **reopen** し

白熱した議論を **resume** する

互いに主張をぶつけ、激しく **debate** する

しかし各国の対立を **avoid** する

結論が出ないまま **conclude** する

37

☐ **assemble** [əsémbl]	集まる	を集める を組み立てる
☐ **discuss** [diskʌs]	を話しあう	を論じあう を議論する
☐ **argue** [ɑ́ːrgjuː]	を議論する	の説得をする 口論する
☐ **illustrate** [íləstrèit]	を説明する（絵・実例で）	
☐ **stress** [stres]	を強調する	名圧迫 名ストレス
☐ **inquire** [inkwáiər]	を尋ねる（形式語的）	
☐ **respond** [rispánd]	答える（形式語的）	
☐ **delay** [diléi]	を遅らせる	を延期する
☐ **interrupt** [ìntərápt]	を中断する	を邪魔する
☐ **reopen** [rìːóup(ə)n]	を再開する	
☐ **resume** [riz(j)úːm]	を再び始める	
☐ **debate** [dibéit]	を討議する	名討議
☐ **avoid** [əvɔ́id]	を避ける	
☐ **conclude** [kənklúːd]	を終える	を締結する

選挙

A氏、選挙演説で自分の意見を**remark**し

行政改革の断行を**insist**する

また、その実施を**promise**する

A氏、有権者に自分の存在を**appeal**し

自分への投票を**request**する

A氏、有権者の質問に誠実に**reply**し

聴衆の心に**impress**する

A氏、演説を終えステージを**descend**する

人々が彼のまわりに**throng**する

多数の有権者、彼を**uphold**する

テレビはこの様子を**broadcast**する

選挙当日、多くの有権者がA氏に**vote**する

A氏、他の候補を**overwhelm**し

堂々と選挙に**win**する

38

☐ **remark** [rimá:rk]	を述べる(感想・意見)	と言う 名意見
☐ **insist** [insíst]	を主張する	
☐ **promise** [prámis]	を約束する	名約束 名将来の見込み
☐ **appeal** [əpí:l]	を訴える(理性などに)	名訴え 名控訴
☐ **request** [rikwést]	をお願いする	名要請
☐ **reply** [riplái]	答える	返事する 名返答
☐ **impress** [imprés]	に感銘を与える	に印象を与える
☐ **descend** [disénd]	を下りる	を降りる
☐ **throng** [θrɔ(ː)ŋ]	に群がる	に押し寄せる 名群衆
☐ **uphold** [ʌphóuld]	を支持する	を支える を持ち上げる
☐ **broadcast** [brɔ́ːdkæst]	を放送する	
☐ **vote** [vout]	投票する	名投票
☐ **overwhelm** [òuvər(h)wélm]	を圧倒する	に打ち勝つ
☐ **win** [win]	に勝つ	を獲得する (賞金・名声など)

99

行政

法律で、性の描写を**regulate**する
<ruby>レギュレイト</ruby>

法律で、麻薬の持ち込みを**ban**する
<ruby>バン</ruby>

法律で、銃器の所持を**prohibit**する
<ruby>プロウヒビト</ruby>

税法で、高額所得者に高い税を**impose**する
<ruby>インポウズ</ruby>

行政で、貧しい母子家庭を**protect**する
<ruby>プロテクト</ruby>

警察で、道路の使用を**permit**する
<ruby>パミット</ruby>

入国管理局で、国外退去の命令を**issue**する
<ruby>イシュー</ruby>

国の権限で、銀行の業務に**interfere**する
<ruby>インタフィア</ruby>

行政の分離で、各省の役割を**separate**する
<ruby>セパレイト</ruby>

予算配分で、補助金を**assign**する
<ruby>アサイン</ruby>

財政削減で、国の支出を**reduce**する
<ruby>リデュース</ruby>

議会の決議で、増税の実施を**postpone**する
<ruby>ポウス（トゥ）ポウン</ruby>

税金の投入で、景気回復を**attempt**する
<ruby>アテン（プ）ト</ruby>

経済産業省で、景気の見通しを**correct**する
<ruby>コレクト</ruby>

39

☐ **regulate** [régjulèit]	を規制する	を調整する
☐ **ban** [bæn]	を禁止する（法などにより）	名禁止
☐ **prohibit** [prouhíbit]	を禁止する	を妨げる
☐ **impose** [impóuz]	を課す（税・義務など）	を負わせる を押しつける
☐ **protect** [prətékt]	を保護する	
☐ **permit** [pərmít]	を許す	名許可証（バーミト）
☐ **issue** [íʃuː]	を出す（命令など）	を発行する 名問題
☐ **interfere** [ìntərfíər]	干渉する	邪魔をする
☐ **separate** [sépərèit]	を離す	形分かれた（セパレート）
☐ **assign** [əsáin]	を割り当てる	を決める （日時・場所）
☐ **reduce** [rid(j)úːs]	を減らす（数量・価格など）	
☐ **postpone** [pous(t)póun]	を延期する	
☐ **attempt** [ətém(p)t]	を試みる	を企てる 名試み
☐ **correct** [kərékt]	を訂正する	形正しい 形正確な

IOI

戦争

A国、対立していたB国に**invade**し

B国を**attack**する

B国、必死に**resist**し

A国の攻撃から国を**defend**する

A国の軍隊、各地でB国の部隊を**defeat**し

次々に街を**occupy**する

そして、B国を完全に**conquer**する

B国、敗北を認め**surrender**する

A国、B国を**rule**し

その国を**govern**する

この戦争で建物は**collapse**し

街をメチャクチャに**ruin**する

戦争は住民たちを**involve**し

そして、多くの市民を**sacrifice**する

40

□ **invade** [invéid]	に侵入する	
□ **attack** [ətǽk]	を攻撃する	名攻撃
□ **resist** [rizíst]	に抵抗する	
□ **defend** [difénd]	を守る	を弁護する
□ **defeat** [difíːt]	を負かす	を打ち破る 名敗北
□ **occupy** [ákjupài]	を占領する	を占める
□ **conquer** [káŋkər]	を征服する	に打ち勝つ
□ **surrender** [səréndər]	降伏する	を引き渡す 名引き渡し
□ **rule** [ruːl]	を支配する	名規則 名支配
□ **govern** [gávərn]	を治める(国など)	を統治する を管理する
□ **collapse** [kəlǽps]	崩壊する(建物などが)	名崩壊
□ **ruin** [rúːin]	を破壊する	を破滅させ 名破滅
□ **involve** [inválv]	を巻き込む	
□ **sacrifice** [sǽkrəfàis]	を犠牲にする	名犠牲

103

話すための
名詞英単語
616

物体

大気圏に突入する、ある**substance**が
<ruby>サブスタンス</ruby>

地球の**gravity**を受けて落下
<ruby>グラヴィティ</ruby>

直径１キロの**distance**にわたる
<ruby>ディスタンス</ruby>

クレーターのような**hollow**をつくる
<ruby>ハロウ</ruby>

物質の**surface**はどろどろに溶け
<ruby>サ〜フェス</ruby>

高温の**heat**と
<ruby>ヒート</ruby>

vaporを発生する
<ruby>ヴェイパァ</ruby>

また、基準値を超える**quantity**の
<ruby>クワンティティ</ruby>

radioactivityと
<ruby>レイディオウアクティヴィティ</ruby>

有害な**poison**を発生する
<ruby>ポイズン</ruby>

周辺の**surroundings**は
<ruby>サラウンディングス</ruby>

pollutionの
<ruby>ポルーション</ruby>

sourceとなり
<ruby>ソース</ruby>

危険な**area**と化す
<ruby>エ(ア)リア</ruby>

41

□**substance** [sʌ́bstəns]	物質	内容 趣旨
□**gravity** [grǽvəti]	重力	重大さ
□**distance** [dístəns]	距離	動をくりぬく 形空の
□**hollow** [hálou]	くぼみ	形地上の
□**surface** [sə́ːrfis]	表面	
□**heat** [hiːt]	熱	動を熱する
□**vapor** [véipər]	蒸気	
□**quantity** [kwántəti]	量	
□**radioactivity** [rèidiouæktívəti]	放射能	
□**poison** [pɔ́izn]	毒	動に毒を入れる
□**surroundings** [səráundiŋz]	環境	
□**pollution** [pəlúːʃən]	汚染	汚染物質
□**source** [sɔːrs]	源	原因(物事の)
□**area** [é(ə)riə]	地域	面積

107

海外旅行

海外に**trip**すべく

空港の**departure**ロビーから

flightに乗り込む

狭い**aisle**をぬって席に着く

席は**passenger**で満員

16時間後、**destination**に到着

入国の**inspection**を済ませ

arrivalロビーを通過する

レンタカーで街の**sightseeing**をする

今日は何かの**anniversary**らしく

市街の**avenue**の

sidewalkには

多くの**pedestrian**があふれ

touristでにぎわう

42

☐ **trip** [trip]	旅行	動につまずく
☐ **departure** [dipá:rtʃər]	出発	
☐ **flight** [flait]	飛行機	空の旅 便(飛行機の)
☐ **aisle** [ail]	通路	
☐ **passenger** [pǽsəndʒər]	乗客	
☐ **destination** [dèstənéiʃən]	目的地	
☐ **inspection** [inspékʃən]	検査	
☐ **arrival** [əráivəl]	到着	
☐ **sightseeing** [sáitsì:iŋ]	観光	
☐ **anniversary** [ǽnivá:rs(ə)ri]	記念日	
☐ **avenue** [ǽvən(j)ù:]	大通り	並木道 手段
☐ **sidewalk** [sáidwɔ́:k]	歩道	
☐ **pedestrian** [pidéstriən]	歩行者	形歩行者のための
☐ **tourist** [tú(ə)rist]	観光客	

109

風景

グランドキャニオンの壮大な**landscape**
ラン（ドゥ）スケイプ

アルプスを一望する美しい**scenery**
スィーネリィ

ホテルの窓から見える美しい**scene**
スィーン

日没の美しい**sight**
サイト

展望台からの美しい**view**
ヴュー

北極海に浮かぶ巨大な**glacier**
グレイシァ

登山家がめざす山の**summit**
サミット

足が震える切り立った**cliff**
クリフ

山あいの深い**canyon**
キャニョン

山にはさまれた、なだらかな**valley**
ヴァリィ

谷間からチョロチョロ流れる**stream**
ストゥリーム

水が自然に湧き出る**fountain**
ファウンテ（ィ）ン

高原に広がる青々とした**meadow**
メドゥ

家畜が点在する広大な**pasture**
パスチァ

43

landscape [lǽn(d)skèip]	風景	
scenery [síːn(ə)ri]	風景	
scene [siːn]	光景	一場面
sight [sait]	光景	見ること
view [vjuː]	眺め	見ること 風景
glacier [gléiʃər]	氷河	
summit [sʌ́mit]	山頂	首脳会談
cliff [klif]	絶壁	がけ
canyon [kǽnjən]	峡谷	
valley [vǽli]	低地	
stream [striːm]	小川	動流れる
fountain [fáunt(i)n]	泉(文語的)	噴水
meadow [médou]	牧草地(干し草を採る)	
pasture [pǽstʃər]	放牧地	動を放牧する 動草を食う

地理

社会科で学習する **geography**

緯度がゼロ地点の **equator**

アフリカの広大な **continent**

その大陸に広がるサハラ **desert**

海に突き出た朝鮮 **peninsula**

陸地突端の知床 **cape**

太平洋に浮かぶハワイの **island**

陸地に入り込んだメキシコ **gulf**

船が航行する東京 **bay**

太平洋と接するアメリカのウエスト **coast**

陸地の奥に広がる関東 **plain**

山に囲まれた甲府 **basin**

樹木が林立する **forest**

木の生い茂った **wood**

44

☐ **geography** [dʒiágrəfi]	地理	
☐ **equator** [i(:)kwéitər]	赤道(the をつけて)	
☐ **continent** [kántinənt]	大陸	
☐ **desert** [dézərt]	砂漠	
☐ **peninsula** [pinínsələ]	半島	
☐ **cape** [keip]	岬	
☐ **island** [áilənd]	島	
☐ **gulf** [gʌlf]	湾(大きな)	越えがたい障壁
☐ **bay** [bei]	湾(小さな)	
☐ **coast** [koust]	沿岸	
☐ **plain** [plein]	平野	形明白な 形簡素な
☐ **basin** [béisn]	盆地	洗面器
☐ **forest** [fɔ́(:)rist]	森林	
☐ **wood** [wud]	森(ふつう複数形で)	木材

113

天候

一年間で移りゆく**climate**

今日一日の**weather**

40度を超える**temperature**

じめじめした高い**humidity**

そよそよと吹くさわやかな**breeze**

寒い早朝に降りる**frost**

重く立ち込める**fog**

遠方でとどろく**thunder**

ピカピカと閃光を発する**lightning**

ドカンと落ちる**thunderbolt**

激しく吹き荒れる**rainstorm**

豪雨による各地での**flood**

豪雪で吹き荒れる**snowstorm**

日照り続きによる**drought**

45

☐ **climate** [kláimət]	天候	
☐ **weather** [wéðər]	天気	
☐ **temperature** [témp(ə)rətʃ(u)ər]	気温	温度
☐ **humidity** [hju(:)mídəti]	湿度	
☐ **breeze** [bri:z]	そよ風	
☐ **frost** [frɔ(:)st]	霜	
☐ **fog** [fɔ(:)g]	霧	
☐ **thunder** [θʌndər]	雷鳴	雷 動雷がなる
☐ **lightning** [láitniŋ]	稲妻	
☐ **thunderbolt** [θʌndərbòult]	落雷	
☐ **rainstorm** [réinstɔ:rm]	暴風雨	
☐ **flood** [flʌd]	洪水	動を氾濫させる 動にあふれる
☐ **snowstorm** [snóustɔ̀:rm]	吹雪	
☐ **drought** [draut]	干ばつ	

115

農業

人々の生活を支える **agriculture**
アグリカルチァ

地平線に広がる広大な **farm**
ファーム

農夫によって耕された **soil**
ソイル

青々と茂る豊かな **field**
フィールド

畑でつくられる **crop**
クラップ

米や麦などの **grain**
グレイン

パンの原料になる **wheat**
(フ)ウィート

実を刈り取る **harvest**
ハーヴェスト

オレンジがつくられる **orchard**
オーチャド

牛が放牧された広大な **ranch**
ランチ

牧場に張りめぐらされた **fence**
フェンス

牧場で飼育される **cattle**
キャトゥル

牧場の一角に立つ **barn**
バーン

納屋に積まれた **hay**
ヘイ

46

agriculture [ǽgrikʌ̀ltʃər]	農業	
farm [faːrm]	農場	飼育場
soil [sɔil]	土	
field [fiːld]	畑	競技場 分野
crop [krɑp]	作物	
grain [grein]	穀物	
wheat [(h)wiːt]	小麦	
harvest [háːrvist]	収穫	動を収穫する
orchard [ɔ́ːrtʃərd]	果樹園	
ranch [rǽntʃ]	大牧場	
fence [fens]	柵	囲い
cattle [kǽtl]	牛(集合的に)	
barn [baːrn]	納屋	
hay [hei]	干し草	

建物

中世に建てられたゴシックの **architecture**〔アーキテクチァ〕

王様によって建てられた **castle**〔キャスル〕

ロンドンに建つバッキンガム **palace**〔パレス〕

ギリシャの丘に建つ **temple**〔テンプル〕

伊勢神宮に建つ **shrine**〔シライン〕

イスラム教の国に建つ **mosque**〔マスク〕

ワシントンに建つ高い塔の **monument**〔マニュメント〕

公園に立つブロンズの **sculpture**〔スカルプチァ〕

郊外に建つ立派な **residence**〔レズィデンス〕

住宅地に建つ8階建ての **condominium**〔カンドミニアム〕

避暑地に建つ **cottage**〔カテヂ〕

山あいに建つ **cabin**〔キャビン〕

砂浜に建てられた粗末な **hut**〔ハット〕

裏庭に建てられた物置の **shed**〔シェッド〕

47

architecture [áːrkətèktʃər]	建築	
castle [kǽsl]	城	
palace [pǽlis]	宮殿	
temple [témpl]	神殿	寺
shrine [ʃrain]	神社	聖堂
mosque [mɑsk]	回教寺院	モスク
monument [mánjumənt]	記念碑	
sculpture [skʌ́lptʃər]	彫刻	
residence [rézədəns]	住宅(文語的)	邸宅
condominium [kɑ̀ndəmíniəm]	分譲マンション	
cottage [kɑ́tidʒ]	別荘(避暑地などの)	小住宅(ふつう平屋)
cabin [kǽbin]	小屋	キャビン(船の)
hut [hʌt]	小屋(粗末な掘っ立て小屋)	
shed [ʃed]	小屋(物置)	

119

クルマ

現代は車の**society**で

道路を走る**automobile**は

人々の**necessity**である

18歳以上の人に**driving**の

permissionが与えられ

ドライバーは試験を受け**license**を取得する

車を所有すると**insurance**に

加入する**duty**がある

運転中は十分**attention**を払い

safetyには気をつける

事故による車の**crash**で

相手に**damage**を

与えた**case**は

賠償の**responsibility**を負う

48

☐ **society** [səsáiəti]	社会	協会 社交界
☐ **automobile** [ɔ́:təməubì:l]	自動車	
☐ **necessity** [nəsésəti]	必需品	必要 必要性
☐ **driving** [dráiviŋ]	運転	形積極性のある 形推進する
☐ **permission** [pərmíʃən]	許可	免許状
☐ **license** [láisns]	免許	
☐ **insurance** [inʃú(ə)rəns]	保険	
☐ **duty** [d(j)ú:ti]	義務	職務 税
☐ **attention** [əténʃən]	注意	
☐ **safety** [séifti]	安全	
☐ **crash** [kræʃ]	衝突	動衝突する
☐ **damage** [dǽmidʒ]	損害	
☐ **case** [keis]	場合	事件 実例
☐ **responsibility** [rispànsəbíləti]	責任	

学校

幼児を預かる **preschool**
プリースクール

5歳児が通う **kindergarten**
キンダガートゥン

6歳から入る **elementary school**
エレメンタリティスクール

4月に行われる **entrance ceremony**
エントゥランス セレモウニィ

新入生による学校の **admission**
アドゥミション

学校に納める **tuition**
テユーイション

1年ごとに昇級する **grade**
グレイド

登校による授業の **presence**
プレズンス

病気による授業の **absence**
アブスンス

日頃から大切な勉強の **preparation**
プレパレイション

繰り返し学習する **review**
リヴュー

学校で権威を持つ **principal**
プリンスィパル

3月に行われる生徒の **graduation**
グラヂュエイション

卒業式に受け取る **certificate**
サ(〜)ティフィケト

49

preschool [príːskùːl]	保育園	
kindergarten [kíndərgàːrtn]	幼稚園	
elementary school [èləméntəri skùːl]	小学校	
entrance ceremony [éntrəns sérəmòuni]	入学式	
admission [ədmíʃən]	入学	入会 入場
tuition [t(j)uːíʃən]	授業料	教授 授業
grade [greid]	学年	成績 等級
presence [prézns]	出席	存在 面前
absence [ǽbs(ə)ns]	欠席	不在 留守
preparation [prèpəréiʃən]	予習	用意 準備
review [rivjúː]	復習	批判 動を復習する
principal [prínsəp(ə)l]	校長	主役 形主な
graduation [grædʒuéiʃən]	卒業式	卒業
certificate [sə(ː)rtífikət]	卒業証書 (学位が伴わない)	証明書 免許状

人間

おなかに宿る**fetus**
フィータス

保育所に通う**infant**
インファント

元気はつらつの**youngster**
ヤングスタァ

筋肉隆々の**male**
メイル

ふくよかな肉体の**female**
フィーメイル

同じ会社に勤める**colleague**
カリーグ

同じ場所に定住する**inhabitant**
インハビタント

賃貸マンションに住む**resident**
レズィデント

同じ町内に住む**neighbor**
ネイバァ

街に住む**citizen**
スィティズン

国に住む**nation**
ネイション

人種的に分類される**race**
レイス

地上に文明を築いた**human being**
ヒューマン ビーイング

世界の平和を願う**humankind**
ヒューマンカインド

50

□**fetus** [fí:təs]	胎児(3ヵ月以上)	
□**infant** [ínfənt]	幼児	
□**youngster** [jʌ́ŋstər]	若者(とくに少年)	
□**male** [meil]	男性	雄 形男の
□**female** [fí:meil]	女性	雌 形女の
□**colleague** [káli:g]	同僚(知的職業の人)	仲間
□**inhabitant** [inhǽbitənt]	住人	
□**resident** [rézidənt]	居住者	
□**neighbor** [néibər]	近所の人	
□**citizen** [sítəzn]	市民	国民
□**nation** [néiʃən]	国民	
□**race** [reis]	民族	人種
□**human being** [hjú:mən bí:iŋ]	人間(動物に対して)	
□**humankind** [hjú:mənkàind]	人類	

125

家系

血統で代々連なる **ancestor**

血筋を引いて生まれる **descendant**

血縁関係のある **relative**

結婚相手である女性の **fiancée**

結婚式での美しい **bride**

花嫁にキスする **groom**

結婚ほやほやの **newlywed**

嫁ぎ先の父である **father-in-law**

嫁ぎ先の母である **mother-in-law**

妹の息子である **nephew**

妹の娘である **niece**

子供の子供である **grandchild**

主人を亡くした **widow**

莫大な財産を相続する **heir**

51

☐ **ancestor** [ǽnsestər]	先祖	
☐ **descendant** [diséndənt]	子孫	
☐ **relative** [rélətiv]	親類	親戚 形相対的な
☐ **fiancée** [fiːɑnséi]	婚約者(男性から見た)	
☐ **bride** [braid]	花嫁	
☐ **groom** [gru(ː)m]	花婿	
☐ **newlywed** [n(j)úːliwèd]	新婚の人	
☐ **father-in-law** [fáːðərinlɔ̀ː]	しゅうと	
☐ **mother-in-law** [mʌ́ðərinlɔ̀ː]	しゅうとめ	
☐ **nephew** [néfjuː]	甥	
☐ **niece** [niːs]	姪	
☐ **grandchild** [grǽn(d)tʃàild]	孫	
☐ **widow** [wídou]	未亡人	
☐ **heir** [ɛər]	相続人	跡取り 後継者

職業

一つの道をきわめた **expert**
（エクスパート）

大学で教鞭をとる **professor**
（プロフェサァ）

会場で講演をする **lecturer**
（レクチ（ァ）ラァ）

小説を執筆する **author**
（オーサァ）

雑誌を編集する **editor**
（エディタァ）

芸術作品を批評する **critic**
（クリティク）

高層ビルを設計する **architect**
（アーキテクト）

会社の経理を監査する **accountant**
（アカウンタント）

保育所で子供の世話をする **nursery teacher**
（ナーサリィティーチャ）

ホテルのカウンターに立つ **receptionist**
（リセプショニスト）

ホテルでお客を接待する **bellhop**
（ベルハプ）

社長を送り迎えする **chauffeur**
（ショウファ）

オリンピックに出場する **athlete**
（アスリート）

人物の素行を調査する **detective**
（ディテクティヴ）

52

expert [ékspə:rt]	専門家	熟達した人 形 熟達した
professor [prəfésər]	教授	
lecturer [léktʃ(ə)rər]	講演者	講師（大学の）
author [ɔ́:θər]	著者	
editor [éditər]	編集者	
critic [krítik]	評論家	批評家
architect [ɑ́:rkətèkt]	建築家	
accountant [əkáuntənt]	会計士	
nursery teacher [nɜ́:rs(ə)ri t:tʃər]	保母	
receptionist [risépʃənist]	受付係（会社・ホテルなど）	
bellhop [bélhàp]	ボーイ	
chauffeur [ʃóufər]	お抱え運転手	
athlete [ǽθli:t]	スポーツ選手	
detective [ditéktiv]	探偵	

129

ビジネスマン

会社に責任を持つ **president**
プレズ(ィ)デント

社長を補佐する **vice-president**
ヴァイスプレズ(ィ)デント

取締役会に参加する **executive**
イグゼキュティヴ

従業員を雇用する **employer**
エンプロイァァ

会社で働く **employee**
エンプロイイー

工場で働く **laborer**
レイバラァ

社長のスケジュールを管理する **secretary**
セクレテリィ

市役所に勤める **staff**
スタッフ

商品を取り引きする **merchant**
マ～チャント

ビジネスの仲介をする **broker**
ブロウカァ

商品を製造する **maker**
メイカァ

海外と貿易する **trader**
トゥレイダァ

商品を小売店に卸す **wholesaler**
ホウルセイラァ

商品を消費者に売る **retailer**
リーテイラァ

53

president [préz(ə)dənt]	社長	大統領 会長
vice-president [váispréz(ə)dənt]	副社長	副大統領 副会長
executive [igzékjutiv]	重役	
employer [implóiər]	雇い主	
employee [implɔií]	従業員	雇われ人 使用人
laborer [léibərər]	労働者	
secretary [sékrətèri]	秘書	書記官
staff [stæf]	職員	スタッフ つえ
merchant [mə́:rtʃənt]	商人	貿易商
broker [bróukər]	仲介人	
maker [méikər]	製造業者	つくる人
trader [tréidər]	貿易業者	取引業者
wholesaler [hóulsèilər]	卸売業者	
retailer [rí:teilər]	小売業者	

人の立場

日本の最高責任者、内閣総理 **minister**
ミニスタァ

国の政治にたずさわる **politician**
パリティシャン

愛国心の強い優秀な **statesman**
ステイツマン

駐在国で責任を持つ **ambassador**
アンバサダァ

市に責任を持つ **mayor**
メイア

選挙に出馬する **candidate**
キャンディデイト

大学を創立した **founder**
ファウンダァ

会議をリードする **chairman**
チェアマン

法廷で弁護を務める **counsel**
カウンスル

弁護士に弁護を頼む **client**
クライアント

大学に入学した **freshman**
フレシマン

大学を無事卒業した **graduate**
グラデュエト

オーディションに応募する **applicant**
アプリカント

応募してコンテストに出場する **participant**
パーティスィパント

54

☐ **minister** [mínistər]	大臣	牧師 動世話をする（文語的）
☐ **politician** [pàlətíʃən]	政治家	政治屋
☐ **statesman** [stéitsmən]	政治家 （尊敬の念を持って）	
☐ **ambassador** [æmbǽsədər]	大使	
☐ **mayor** [méiər]	市長	
☐ **candidate** [kǽndideit]	候補者	
☐ **founder** [fáundər]	創立者	設立者
☐ **chairman** [tʃéərmən]	議長	司会者 委員長
☐ **counsel** [káuns(ə)l]	法廷弁護人	助言 忠告
☐ **client** [kláiənt]	依頼人（弁護士への）	顧客 お得意
☐ **freshman** [fréʃmən]	新入生（高校・大学の）	一年生
☐ **graduate** [grǽdʒuət]	卒業生	動卒業する^{グラヂュエイト}
☐ **applicant** [ǽplikənt]	申込者	志願者
☐ **participant** [pɑːrtísəpənt]	参加者	加入者 出場者

133

犯罪者

財布を失敬する **pickpocket**

物を盗む **thief**

留守宅を狙う **burglar**

覆面をして銀行を襲う **robber**

金で殺人を引き受ける **hit man**

犯罪を犯した **criminal**

犯罪に巻き込まれた **victim**

全国に指名手配された **suspect**

犯人を追跡する **police officer**

裁判所で判決を言い渡す **judge**

容疑者を追及する **prosecutor**

法廷で証言する **witness**

証言を傾聴する **jury**

刑務所に収容される **prisoner**

55

□**pickpocket** [píkpàkit]	すり	
□**thief** [θi:f]	泥棒(暴力をふるわない)	
□**burglar** [bə́:rglər]	泥棒(夜に押し入る)	
□**robber** [rábər]	強盗(凶器・暴力を使う)	
□**hit man** [hit mæn]	殺し屋(俗語)	
□**criminal** [krím(ə)nl]	犯人	犯罪者 形犯罪の
□**victim** [víktəm]	犠牲者	
□**suspect** [sʌ́spekt]	容疑者	動疑いをかける <small>サスペクト</small>
□**police officer** [pəlí:s ɔ́(:)fisər]	警官	警察官 巡査
□**judge** [dʒʌdʒ]	裁判官	動を裁く 動を判断する
□**prosecutor** [prásikjú:tər]	検察官	検事
□**witness** [wítnis]	目撃者	動を目撃する
□**jury** [dʒú(ə)ri]	陪審	
□**prisoner** [príz(ə)nər]	囚人	

135

身体

思考をつかさどる**brain**

味覚をつかさどる**tongue**

発声をつかさどる**throat**

呼吸をつかさどる**lung**

血液の循環をつかさどる**heart**

消化をつかさどる**stomach**

栄養の吸収をつかさどる**intestine**

尿の排泄をつかさどる**kidney**

母乳を蓄える**breast**

赤ちゃんが口に含む**nipple**

おなかの中央にある**navel**

酸素と栄養を運ぶ**blood**

血を通す**vein**

からだを構成する骨と**flesh**

56

brain [brein]	脳	
tongue [tʌŋ]	舌	
throat [θrout]	のど	
lung [lʌŋ]	肺	
heart [hɑːrt]	心臓	心 愛情
stomach [stʌ́mək]	胃	
intestine [intéstin]	腸	
kidney [kídni]	腎臓	
breast [brest]	乳房	
nipple [nípl]	乳首	
navel [néivəl]	へそ	
blood [blʌd]	血	血液 血統
vein [vein]	血管	静脈
flesh [fleʃ]	肉	肉体(theを付けて)

病気

減退する**appetite**
アペタイト

寝ても抜けない**fatigue**
ファティーグ

階段を上ると荒くなる**breath**
ブレス

ムズムズする全身の**itch**
イッチ

キリキリする胃の**pain**
ペイン

ズキンズキンする**headache**
ヘデイク

40度の**fever**
フィーヴァ

けいれんする**muscle**
マスル

日頃の不摂生による**disease**
ディズィーズ

医師が行う**treatment**
トゥリートゥメント

医師が処方する**medicine**
メデ(ィ)スン

食事で摂取する**nutrition**
ニュートゥリション

栄養を補う錠剤の**vitamin**
ヴァイタミン

病気で控える**alcohol**
アルコホ(ー)ル

57

☐ **appetite** [ǽpətàit]	食欲	
☐ **fatigue** [fətí:g]	疲労	動を疲れさせる
☐ **breath** [breθ]	息	呼吸
☐ **itch** [itʃ]	かゆみ	動かゆい
☐ **pain** [pein]	痛み	苦痛 動に苦痛を与える
☐ **headache** [hédèik]	頭痛	
☐ **fever** [fí:vər]	熱(平熱より高い)	
☐ **muscle** [mʌ́sl]	筋肉	
☐ **disease** [dizí:z]	病気	
☐ **treatment** [trí:tmənt]	治療	取り扱い
☐ **medicine** [méd(ə)sən]	薬	医学 内科
☐ **nutrition** [n(j)u:tríʃən]	栄養	
☐ **vitamin** [váitəmin]	ビタミン	
☐ **alcohol** [ǽlkəhɔ̀(:)l]	アルコール	

文学

昔から言い伝えられた **proverb**
プラヴァ～ブ

古くから語り伝えられた **legend**
レヂェンド

神様のことを語り伝えられた **myth**
ミス

イソップ物語に代表される **fable**
フェイブル

個人の生涯を綴った **biography**
バイアグラフィ

作家によって書かれた **novel**
ナヴェル

芸術作品としての **literature**
リテレチ(ュ)ア

詩人によって書かれた **poetry**
ボウエトゥリィ

評論家によって書かれた **essay**
エセイ

記者によって書かれた **article**
アーティクル

小学生が宿題で書く **composition**
カンポズィション

書類に書かれた **document**
ダキュメント

映画に使われる **script**
スクリプト

文章の一区切りとなる **chapter**
チャプタァ

58

proverb [právə:rb]	ことわざ	格言
legend [lédʒənd]	伝説	
myth [miθ]	神話	
fable [féibl]	寓話	
biography [baiágrəfi]	伝記	
novel [návəl]	小説(長編)	
literature [lítərətʃ(u)ər]	文学	
poetry [póuitri]	詩	
essay [ései]	随筆	エッセイ
article [á:rtikl]	記事	品物
composition [kampəzíʃən]	作文	作品 成分
document [dákjumənt]	文書	書類
script [skript]	台本	脚本
chapter [tʃæptər]	章	

141

演劇

演劇を開催する**theater**
スィアタァ

2000人収容できる劇場の**capacity**
カパス(イ)ティ

会場に詰めかける**audience**
オーディエンス

観衆が支払う入場の**fee**
フィー

劇場で行う初日の**performance**
パフォーマンス

開幕直前の**silence**
サイレンス

開幕と同時に起こる**applause**
アプローズ

演劇に登場する**character**
キャラクタァ

なじみのある役者たちの**line-up**
ラィナプ

役者たちが演じる**role**
ロウル

演出家による見事な**direction**
ディレクション

役者の見事な感情の**expression**
イクスプレション

訴えたい作品の**theme**
スィーム

マスコミが取り上げる作品の**reputation**
レピュテイション

142

59

□**theater** [θíətər]	劇場	
□**capacity** [kəpǽs(ə)ti]	収容力	能力
□**audience** [ɔ́:diəns]	観衆	
□**fee** [fi:]	料金(授業料・入場料)	謝礼
□**performance** [pərfɔ́:rməns]	公演	遂行 演奏
□**silence** [sáiləns]	静寂	沈黙
□**applause** [əplɔ́:z]	拍手	
□**character** [kǽrəktər]	登場人物	性格 文字
□**line-up** [láinλp]	顔ぶれ	
□**role** [roul]	役割	役目
□**direction** [dirékʃən]	演出	方向 方角
□**expression** [ikspréʃən]	表現	表情
□**theme** [θi:m]	テーマ	主題
□**reputation** [rèpjutéiʃən]	評判	名声

算数

学校の授業における **math**

算数の基本となる **number**

数値を算出する **calculation**

5 + 3 = 8の **addition**

8 − 2 = 6の **subtraction**

7 × 6 = 42の **multiplication**

8 ÷ 2 = 4の **division**

定規を使って描く **figure**

直線を引く **ruler**

角度を測る **protractor**

分度器で測る三角形の **angle**

定規で測る一辺の **length**

定規で測る円の **diameter**

定規で測る容器の **depth**

60

□ **math** [mæθ]	算数（口語的）	数学
□ **number** [nʌ́mbər]	数	番号 番組
□ **calculation** [kæ̀lkjuléiʃən]	計算	
□ **addition** [ədíʃən]	足し算	
□ **subtraction** [səbtrǽkʃən]	引き算	
□ **multiplication** [mʌ̀ltəpləkéiʃən]	掛け算	
□ **division** [divíʒən]	割り算	
□ **figure** [fígjər]	図形	姿 数字
□ **ruler** [rúːlər]	定規	支配者
□ **protractor** [proutrǽktər]	分度器	
□ **angle** [ǽŋgl]	角度	
□ **length** [leŋ(k)θ]	長さ	
□ **diameter** [daiǽmətər]	直径	
□ **depth** [depθ]	深さ	

145

研究開発

道路を走る様々な **vehicle**

自動車から排出される **exhaust gas**

排気ガスによる **atmosphere** の汚染

大気汚染による **environment** の破壊

また、限りある **resource** の消費

国家による全面的な **aid** によって

新しい **fuel** の

development が推進され

その **invention** が期待される

最新の **equipment** を誇る

laboratory で

様々な **research** と

experiment が繰り返され

フリーエネルギーの **device** が完成する

146

61

vehicle [víː(h)ikl]	乗り物	
exhaust gas [igzɔ́ːst gæs]	排気ガス	
atmosphere [ǽtməsfiər]	大気	雰囲気
environment [invái(ə)rənmənt]	環境	
resource [ríːsɔːrs]	資源	手段
aid [eid]	援助(公的な)	手伝い 動を助ける
fuel [fjú(ː)əl]	燃料	動に燃料を供給する
development [divéləpmənt]	開発	発達 現像(フイルムの)
invention [invénʃən]	発明	発明品
equipment [ikwípmənt]	設備	準備
laboratory [lǽb(ə)rətɔ̀ːri]	研究所	実験室
research [risə́ːrtʃ]	研究	調査 動を調査する
experiment [ikspérəmənt]	実験	
device [diváis]	装置	仕掛け 工夫

結婚

長年続いた男女の **association**
（アソウスィエイション）

男性から受ける結婚の **proposal**
（プロポウザル）

結婚を約束する **engagement**
（エンゲイヂメント）

日本における結納の **custom**
（カスタム）

神社で挙げる **wedding**
（ウェディング）

結婚式でかさむ **expense**
（イクスペンス）

一生に一度の **luxury**
（ラクシ(ュ)リイ）

神前で行う結婚の **ritual**
（リチュアル）

日本で受け継がれる式の **tradition**
（トゥラディション）

神主から受ける **blessing**
（ブレスィング）

親族から受ける **celebration**
（セレブレイション）

友人から受け取る **bouquet**
（ボウケイ）

二人で旅立つ **honeymoon**
（ハニムーーン）

幸せな二人の **marriage**
（マリヂ）

62

□**association** [əsòusiéiʃən]	交際	協会 連想
□**proposal** [prəpóuzəl]	プロポーズ	申し込み 提案
□**engagement** [ingéidʒmənt]	婚約	約束 雇用
□**custom** [kʌ́stəm]	習慣	税関 関税(複数形で)
□**wedding** [wédiŋ]	結婚式	
□**expense** [ikspéns]	出費	支出 経費(複数形で)
□**luxury** [lʌ́kʃ(ə)ri]	ぜいたく	ぜいたく品 快楽
□**ritual** [rítʃuəl]	儀式	
□**tradition** [trədíʃən]	伝統	しきたり 言い伝え
□**blessing** [blésiŋ]	祝福	
□**celebration** [sèləbréiʃən]	お祝い	祝賀 祝典
□**bouquet** [boukéi]	花束	ブーケ
□**honeymoon** [hʌ́nimùːn]	新婚旅行	ハネムーン
□**marriage** [mǽridʒ]	結婚	結婚式

149

社会生活

生涯の仕事として選んだ occupation

やりがいのある task

順調に積み重ねていく career

仕事で受け取る reward

毎月受け取る salary

平均より高い income

預金で開設する account

老後に残す savings

家の購入で所有する property

車の購入による銀行の loan

ローンに対するお金の payment

高い金利での debt

お金の支払いで渡す bill

その支払いで受け取る receipt

63

occupation [àkjupéiʃən]	職業	仕事 占領
task [tæsk]	仕事	
career [kəríər]	経歴	職業
reward [riwɔ́:rd]	報酬	懸賞金 動に報いる
salary [sǽl(ə)ri]	給料	
income [íŋkʌm]	収入	所得
account [əkáunt]	口座	勘定 説明
savings [séiviŋz]	貯金(複数形で)	
property [prápərti]	財産	所有地 所有物
loan [loun]	貸付金	ローン 動を貸す
payment [péimənt]	支払い	支払金 報酬
debt [det]	借金	
bill [bil]	紙幣	講求書
receipt [risí:t]	領収書	レシート

151

宗教

人間の幸福を説く**religion**
リリヂョン

宗教で救われる病める人間の**soul**
ソウル

教会で行う洗礼の**ceremony**
セレモウニィ

悪に引き込む霊的な**devil**
デヴィル

悪魔がささやく甘い**temptation**
テン(プ)テイション

神への背徳による**sin**
スィン

罪で苦しむ**conscience**
カンシェンス

毎夜うなされる**nightmare**
ナイトゥメア

罪に下される神の**punishment**
パニシメント

罪に対する神への**apology**
アパロヂィ

人が死んで行われる**funeral**
フューネラル

肉体の死で離れる**spirit**
スピリト

善人が行く**heaven**
ヘヴン

悪人が住む**hell**
ヘル

64

religion [rilídʒən]	宗教	宗派
soul [soul]	魂	
ceremony [sérəmòuni]	儀式	式 礼儀
devil [dév(ə)l]	悪魔	
temptation [tem(p)téiʃən]	誘惑	
sin [sin]	罪(宗教上の)	
conscience [kánʃəns]	良心	
nightmare [náitmèər]	悪夢	恐ろしい経験
punishment [pʌ́niʃmənt]	罰	処罰
apology [əpálədʒi]	謝罪	
funeral [fjú:n(ə)rəl]	葬式	
spirit [spírit]	霊	精神 気分
heaven [hévən]	天国	
hell [hel]	地獄	

153

美しい貴婦人

パーティーを主催した夫人の美しい**features**（フィーチャズ）

すらりとした**figure**（フィギュア）

脳裏に焼きつく夫人の**beauty**（ビューティ）

来賓に対する夫人の**hospitality**（ハスピタリティ）

夫人の気品ある**greeting**（グリーティング）

夫人とのウィットに富んだ**chat**（チャット）

口元から漏れる品のいい**laughter**（ラフタァ）

夫人から漂うかぐわしい**aroma**（アロウマ）

身のこなしの洗練された**behavior**（ビヘイヴャ）

お客様に対する謙虚な**attitude**（アティテュード）

節度のある**courtesy**（カ〜テスィ）

夫人が放つ、えも言われぬ**atmosphere**（アトゥモスフィア）

夫人から受ける強烈な**impression**（インプレション）

揺り動かされる**emotion**（エモウション）

65

features [fí:tʃərz]	容貌(複数形で)	
figure [fígjər]	姿	容姿 数字
beauty [bjú:ti]	美	美人
hospitality [hàspətǽləti]	親切なもてなし(客への)	歓待
greeting [grí:tiŋ]	あいさつ	
chat [tʃæt]	雑談	動雑談する
laughter [lǽftər]	笑い	
aroma [əróumə]	かぐわしい匂い	
behavior [bihéivjər]	ふるまい	行儀
attitude [ǽtit(j)ù:d]	態度	
courtesy [kə́:rtəsi]	礼儀正しさ	
atmosphere [ǽtməsfiər]	雰囲気	大気
impression [impréʃən]	印象	感銘 感じ
emotion [imóuʃən]	感情	

人間の要素

年齢とともに失う **youth**

子供の急激な **growth**

母親が備える母性的な **instinct**

親から受け継ぐ性格的な **temper**

昔の思い出をとどめる **memory**

頭に浮かぶ様々な **thought**

長い人生で蓄積される **experience**

生活で求める日々の **pleasure**

早起きする健康的な **habit**

10年後に掲げる人生の **aim**

会社で求められる職業の **aptitude**

人間が評価される内的な **value**

品格ある人の礼儀正しい **conduct**

目上の人に払う心からの **regard**

66

☐ **youth** [juːθ]	若さ	青春時代
☐ **growth** [grouθ]	成長	増大
☐ **instinct** [ínstiŋ(k)t]	本能	
☐ **temper** [témpər]	気質	
☐ **memory** [mém(ə)ri]	記憶	思い出
☐ **thought** [θɔːt]	考え	思考 思想
☐ **experience** [ikspí(ə)riəns]	経験	動を経験する
☐ **pleasure** [pléʒər]	楽しみ	楽しいこと
☐ **habit** [hǽbit]	習慣	癖
☐ **aim** [eim]	目標	狙い 動狙う
☐ **aptitude** [ǽptət(j)ùːd]	適性	
☐ **value** [vǽlju(ː)]	価値	動を評価する
☐ **conduct** [kándʌkt]	行い	動を導く (コンダクト)
☐ **regard** [rigáːrd]	尊敬	注意 関係

157

友人関係

誰を友人にするかの**selection**
<ruby>セレクション</ruby>

先入観による友人への**prejudice**
<ruby>プレデュディス</ruby>

お互いが結ぶ友人としての**relation**
<ruby>リレイション</ruby>

大切にしたいお互いの**relationship**
<ruby>リレイションシップ</ruby>

お互いが結ぶ強い心の**bond**
<ruby>バンド</ruby>

友人を大切に思うがゆえの**advice**
<ruby>アドゥヴァイス</ruby>

共有しあうお互いの**mind**
<ruby>マインド</ruby>

友人に対する深い**understanding**
<ruby>アンダスタンディング</ruby>

勝手な思い込みによる友人に対する**misunderstanding**
<ruby>ミサンダスタンディング</ruby>

友人に払う**respect**
<ruby>リスペクト</ruby>

友人から勝ち取る**trust**
<ruby>トゥラスト</ruby>

お互いに与え合う様々な**influence**
<ruby>インフル（ー）エンス</ruby>

お互いに補い合う性格の**fault**
<ruby>フォールト</ruby>

お互いに伸ばし合う性格の**merit**
<ruby>メリット</ruby>

67

☐ **selection** [səlékʃən]	選択	選ばれた人
☐ **prejudice** [prédʒudis]	偏見	動に偏見を持たせる
☐ **relation** [riléiʃən]	関係	親戚 利害関係(複数形で)
☐ **relationship** [riléiʃənʃip]	結びつき	関係
☐ **bond** [bɑnd]	きずな	契約 動を接着させる
☐ **advice** [ədváis]	忠告	助言
☐ **mind** [maind]	考え	理性
☐ **understanding** [ʌndərstǽndiŋ]	理解	
☐ **misunderstanding** [misʌndərstǽndiŋ]	誤解	
☐ **respect** [rispékt]	尊敬の念	動を尊敬する
☐ **trust** [trʌst]	信頼	委託 動を信頼する
☐ **influence** [ínflu(:)əns]	影響	動に影響を与える
☐ **fault** [fɔːlt]	欠点	誤り 責任
☐ **merit** [mérit]	長所	値打ち

人生

誰もが悩む人生の**purpose**

無限に存在する人生の**possibility**

自分が進む人生の**direction**

自分で選ぶ職業の**choice**

ついつい行う他人との**comparison**

自分自身を奮いたたせる**motivation**

たびたび繰り返す人生の**failure**

人生で直面する様々な**reality**

目の前に転がる人生の**opportunity**

チャンスに対する果敢な**challenge**

人生で勝ち取る**success**

成功で得る**fame**

そして**honor**

人生で勝ち取る輝かしい**glory**

68

☐ **purpose** [pə́:rpəs]	目的	決意
☐ **possibility** [pàsəbíləti]	可能性	ありうること
☐ **direction** [dirékʃən]	方向	方角 指導
☐ **choice** [tʃɔis]	選択	
☐ **comparison** [kəmpǽrisn]	比較	
☐ **motivation** [mòutəvéiʃən]	動機付け	動機 意欲
☐ **failure** [féiljər]	失敗	失敗者 不履行
☐ **reality** [riǽləti]	現実	真実性
☐ **opportunity** [àpərt(j)ú:nəti]	チャンス	機会
☐ **challenge** [tʃǽlindʒ]	挑戦	動に挑戦する
☐ **success** [səksés]	成功	成功者
☐ **fame** [feim]	名声	
☐ **honor** [ánər]	名誉	尊敬 動を尊敬する
☐ **glory** [glɔ́:ri]	栄光	

161

運命

収入がなく生活に苦しむ**poverty**

みすぼらしい姿の**misery**

耐えに耐える生活の**rigor**

次々に襲いくる**misfortune**

耐えられない**hardship**

呪ってしまう自分の**fate**

歯を食いしばり耐え忍ぶ**endurance**

あきらめないで頑張る**effort**

努力で乗り越える**obstacle**

自力でつかむ**fortune**

努力で変えることのできる**destiny**

負け組から逆転する人生の**victory**

一代で築き上げた莫大な**wealth**

輝かしいこれからの**future**

69

poverty [pávərti]	貧乏	貧困 欠乏
misery [mízəri]	みじめさ	大きな不幸
rigor [rígər]	苦しさ(生活などの)	厳しさ
misfortune [misfɔ́ːrtʃən]	不運	不幸な出来事
hardship [háːrdʃip]	苦難	困窮 難事
fate [feit]	運命(不幸な運命を指す)	宿命 死
endurance [ind(j)ú(ə)rəns]	忍耐	
effort [éfərt]	努力	骨折り
obstacle [ábstəkl]	障害	障害物
fortune [fɔ́ːrtʃən]	運	富 運勢
destiny [déstəni]	運命(よい結果を暗示する)	宿命
victory [víkt(ə)ri]	勝利	
wealth [welθ]	富	財産
future [fjúːtʃər]	未来	将来

優秀な人間の条件

優秀な人間の**condition**は

豊かな**personality**があり

人を引きつける**humor**があり

博学な**knowledge**があり

苦難を切り開く**wisdom**があり

恵まれた豊かな**talent**があり

ずば抜けた**ability**があり

全身にみなぎる**vitality**があり

人一倍強い**ambition**があり

苦難に立ち向かう**courage**があり

揺るぎない不動の**belief**があり

絶対にできるという**confidence**があり

燃えたぎる**passion**があり

他人から絶大な**credit**のある人

70

condition [kəndíʃən]	条件	状態 状況（複数形で）
personality [pə̀ːrsənǽləti]	個性	人格 性格
humor [(h)júːmər]	ユーモア	気分
knowledge [nálidʒ]	知識	
wisdom [wízdəm]	知恵	賢いこと 知識
talent [tǽlənt]	才能	
ability [əbíləti]	能力	手腕
vitality [vaitǽləti]	活力	生命力 活気
ambition [æmbíʃən]	野心	大望
courage [kə́ːridʒ]	勇気	
belief [bilíːf]	信念	信じていること
confidence [kánfədəns]	自信	確信 信頼
passion [pǽʃən]	情熱	惰欲
credit [krédit]	信用	信頼 名誉

165

人間の内面

難関大学合格による**delight**

受験失敗による**disappointment**

会社倒産による将来への**despair**

優秀な息子への将来の**expectation**

母親の子供への深い**affection**

可哀想な人に対する深い**mercy**

貧しい人への**pity**

子を亡くしたご両親への**sympathy**

誰も止められない強い**decision**

大勢の人前に立つ**tension**

性に対する強い**desire**

突然湧き起こる性的な**impulse**

ドロドロとした金銭への**greed**

いつまでも尾を引く過去の**regret**

71

delight [diláit]	大喜び	動を大いに喜ばせる
disappointment [dìsəpɔ́intmənt]	失望	
despair [dispéər]	絶望	動絶望する
expectation [èkspektéiʃən]	期待	予期
affection [əfékʃən]	愛情	
mercy [mɔ́ːrsi]	情け	慈悲 哀れみ
pity [píti]	哀れみ	同情 動をかわいそうに思う
sympathy [símpəθi]	同情	思いやり
decision [disíʒən]	決心	決定
tension [ténʃən]	緊張	
desire [dizáiər]	欲望	性欲 動を強く願う
impulse [ímpʌls]	衝動	
greed [griːd]	貪欲	欲張り
regret [rigrét]	後悔	残念 動を後悔する

負の心

気分が晴れず落ち込んだときの**melancholy**

親から叱られたときの**antipathy**

友人が出世したときの**envy**

主人の浮気を知ったときの**jealousy**

同僚に仕事で負けたときの**hostility**

事故で連れ合いを亡くしたときの**sorrow**

バンジージャンプするときの**fear**

殺人鬼に襲われたときの**terror**

お化けが出現したときの**horror**

列に割り込まれたときの**anger**

自分が無視されたときの**resentment**

大切なものを壊されたときの**rage**

人からだまされたときの**grudge**

子供を殺されたときの**hatred**

72

melancholy [mélənkɑ̀li]	憂うつ	形憂うつな
antipathy [æntípəθi]	反感	毛嫌い
envy [énvi]	ねたみ	うらやみ 動をうらやむ
jealousy [dʒéləsi]	嫉妬	ねたみ
hostility [hɑstíləti]	敵意	反対
sorrow [sárou]	悲しみ	
fear [fiər]	恐怖	動を恐れる
terror [térər]	恐怖 (肝をつぶすほど激しい)	テロ行為
horror [hɔ́(:)rər]	恐怖(嫌悪感を伴う)	恐れ 嫌悪
anger [ǽŋɡər]	怒り	
resentment [rizéntmənt]	憤慨	立腹 恨み
rage [reidʒ]	激怒	猛威 動激しく怒る
grudge [ɡrʌdʒ]	恨み	悪意 動を与える
hatred [héitrid]	憎悪	憎しみ

抽象

本に書かれた **content**
カンテント

講演の話の大まかな **summary**
サマリィ

辞書で調べる言葉の **meaning**
ミーニング

記者という立場からの **viewpoint**
ヴューポイント

質問に対する相手の **response**
リスパンス

人前で表明する自分の **intention**
インテンション

アインシュタインによる相対性の **theory**
スィ(ー)オリィ

学者が解説する難解な **logic**
ラヂク

頭で整理する物事の **concept**
カンセプト

科学的に裏付けされた教育の **method**
メソッド

語学に必要な文法の **basis**
ベイスィス

進学に必要な学力の **foundation**
ファウンデイション

世界的な教授が持つ **authority**
オサリティ

トップの人だけに許された **privilege**
プリヴェリヂ

73

content [kántent]	内容(書物・演説などの)	目次(複数形で)
summary [sʌ́m(ə)ri]	要約	
meaning [mí:niŋ]	意味	意義
viewpoint [vjú:pɔint]	見方	見地
response [rispáns]	応答	反応
intention [inténʃən]	意思	
theory [θí(:)əri]	理論	学説 意見
logic [ládʒik]	論理	
concept [kánsept]	概念	着想
method [méθəd]	方法	筋道
basis [béisis]	基礎	基準
foundation [faundéiʃən]	土台	創立 設立
authority [əθárəti]	権威	権限 権威者
privilege [prívəlidʒ]	特権	特典

171

転職

ビジネスマンにおける年収の **average**
アヴ（エ）レヂ

ビジネスマンに求められる高い **capability**
ケイパビリティ

ビジネスマンが渇望する高い **post**
ポウスト

昇進に有利に働く **qualification**
クワリフィケイション

社会の変革で変わる会社の **circumstances**
サ～カムスタンスィズ

会社の合理化による社員の **dismissal**
ディスミサル

見込みがない管理職への **promotion**
プロモウション

会社の待遇に対する強い **dissatisfaction**
ディ（ス）サティスファクション

ヘッドハンターとのひそかな **contact**
カンタクト

転職における条件の **negotiation**
ニゴウシエイション

交渉をリードできる有利な **advantage**
アドゥヴァンテヂ

交渉で後手になる不利な **disadvantage**
ディサドゥヴァンティヂ

相互に取り交わす **contract**
カントゥラクト

契約で確認するいろいろな **terms**
タ～ムズ

74

□**average** [ǽv(ə)ridʒ]	平均	形平均の
□**capability** [kèipəbíləti]	能力	才能 素質(複数形で)
□**post** [poust]	地位	職 部署
□**qualification** [kwùləfəkéiʃən]	資格	免許状 資格証明書
□**circumstances** [sə́ːrkəmstæ̀nsiz]	事情(ふつう複数形で)	状況
□**dismissal** [dismís(ə)l]	解雇	免職 解散
□**promotion** [prəmóuʃən]	昇進	増進 促進
□**dissatisfaction** [di(s)sæ̀tisfǽkʃən]	不満	不平
□**contact** [kɑ́ntækt]	接触	連絡 動に連絡をつける
□**negotiation** [nigòuʃiéiʃən]	交渉	
□**advantage** [ədvǽntidʒ]	有利な立場(点)	利益
□**disadvantage** [dìsədvǽntidʒ]	不利な立場(点)	損失
□**contract** [kɑ́ntrækt]	契約	コントゥラクト 動契約する
□**terms** [təːrmz]	条件(契約支払いなどの／ 複数扱い)	料金

173

製品

外から見た製品の **aspect**
アスペクト

製品に要求される高い **quality**
クワリティ

製品が備えている多くの **function**
ファンクション

製品のユーザーが求める **reliability**
リライアビリティ

製品に凝縮された日本の **skill**
スキル

新しく開発された製品の **characteristic**
キャラクタリスティク

修理を要する製品の **defect**
ディーフェクト

好景気による製品の **shortage**
ショーテヂ

最近売れている製品の **trend**
トゥレンド

製品が売れる第一の **cause**
コーズ

売れている製品の徹底した **analysis**
アナリスィス

1年後を目指す新製品の **completion**
コンプリーション

新製品におけるユーザーの **reaction**
リ(ー)アクション

口コミによる製品のバカ売れ **phenomenon**
フィナメナン

75

□aspect [ǽspekt]	外観	様相
□quality [kwáləti]	品質	質 良質
□function [fʌ́ŋkʃən]	機能	役目 式典
□reliability [rilàiəbíləti]	信頼性	信頼度 確実性
□skill [skil]	技術	熟練 技能
□characteristic [kæ̀rəktərístik]	特性	
□defect [dí(:)fekt]	欠陥	欠点 短所
□shortage [ʃɔ́:rtidʒ]	不足	欠乏
□trend [trend]	傾向	動向
□cause [kɔ:z]	原因	動の原因となる
□analysis [ənǽləsis]	分析	
□completion [kəmpl:ʃən]	完成	
□reaction [ri(:)ǽkʃən]	反応	反動 反作用
□phenomenon [finámənàn]	現象	

製品の販売

株の発行で調達する **fund**
ファンド

その資金で運営する **corporation**
コーポレイション

新しく開発した **product**
プロダクト

オートメーションによる製品の **production**
プロダクション

テレビによる大々的な **advertising**
アドゥヴァタイズィング

他社との激しい **competition**
カンペティション

ショーウインドーでの商品の **display**
ディスプレイ

通行人へのカタログの **distribution**
ディストゥリビューション

開店で集まる **customer**
カスタマァ

顧客への商品の **sale**
セイル

宅配便で送る商品の **delivery**
ディリヴ(ァ)リィ

売り上げ増で得る会社の **profit**
プラフィト

好景気で拡大する **market**
マーケット

活発化する会社間の **bargain**
バーゲン

76

☐ **fund** [fʌnd]	資金	
☐ **corporation** [kɔ̀:rpəréiʃən]	株式会社	法人
☐ **product** [prádəkt]	製品	産物
☐ **production** [prədʌ́kʃən]	生産	生産高 映画製作
☐ **advertising** [ædvərtàiziŋ]	広告	
☐ **competition** [kàmpətíʃən]	競争	
☐ **display** [displéi]	展示	陳列 動を陳列する
☐ **distribution** [dìstrəbjú:ʃən]	配布	配給 分布
☐ **customer** [kʌ́stəmər]	顧客	
☐ **sale** [seil]	販売	特売
☐ **delivery** [dilív(ə)ri]	配達	配達品
☐ **profit** [práfit]	利益	得 動利益を得る
☐ **market** [má:rkit]	市場	相場
☐ **bargain** [bá:rgin]	取引	契約 動の交渉をする

経済

海外の企業と行う **trade**

需要で増える **provision**

需要に呼応できる **productivity**

繁栄し活性化する国の **economy**

繁栄によって進む国内の **consumption**

消費で活性化する国内の **commerce**

為替で上下する国の **currency**

活気づく証券会社の **dealings**

取引で売買される **securities**

つりあがる優良な **stock**

政策のミスによる突然の **recession**

不景気による株価の **drop**

不況で長引く **depression**

不景気で起こる会社の **bankruptcy**

77

□**trade** [treid]	貿易	取引 動売買する
□**provision** [prəvíʒən]	供給	準備 動に食料を供給する
□**productivity** [prὰdʌktívəti]	生産力	生産性
□**economy** [i(:)kánəmi]	経済	節約
□**consumption** [kənsʌ́m(p)ʃən]	消費	
□**commerce** [kámə:rs]	商業	貨幣 流通
□**currency** [kə́:rənsi]	通貨	
□**dealings** [díːliŋz]	取引(複数形で)	
□**securities** [sikjú(ə)rətiz]	有価証券(複数形で)	
□**stock** [stɑk]	株	在庫品
□**recession** [riséʃən]	不景気(景気の後退)	後退 退去
□**drop** [drɑp]	下落	しずく 動を落とす
□**depression** [dipréʃən]	不景気(不況)	憂うつ
□**bankruptcy** [bǽŋkrʌp(t)si]	破産	破綻

179

マスコミ

人命にかかわる様々な**accident**

殺人による刑事的な**case**

世界中が震撼する重大な**event**

政治議題に上る重要な**matter**

国連で争点になっている**issue**

テレビによるニュースの**report**

記者会晃に殺到する**press**

新聞紙面で目を引く**headline**

新聞紙面を飾る**feature**

いつも追われる記事の**deadline**

印刷物を発行する**publisher**

出版社が出版する**publication**

目を引く雑誌の**caption**

雑誌における年間の**subscription**

78

□**accident** [ǽksədənt]	事故(偶然の)	偶然
□**case** [keis]	事件(犯罪などの)	場合 実例
□**event** [ivént]	事件(重大な)	行事 種目
□**matter** [mǽtər]	事柄	物質 問題
□**issue** [íʃuː]	問題(点)	発行 動を発行する
□**report** [ripɔ́ːrt]	報道	動を報告する
□**press** [pres]	報道陣	出版 動を押す
□**headline** [hédlàin]	見出し(新聞の)	
□**feature** [fíːtʃər]	特集記事	特徴 特色
□**deadline** [dédlàin]	締め切り	
□**publisher** [pʌ́bliʃər]	出版社	出版業者 発行者
□**publication** [pʌ̀bləkéiʃən]	出版物	出版 発行
□**caption** [kǽpʃən]	見出し (雑誌・書籍などの)	表題 字幕
□**subscription** [səbskrípʃən]	予約購読	寄付金 予約金

会議

国連で行う **conference**
カンフ(ェ)レンス

閣僚によって行う **council**
カウンスル

壇上での意見の **presentation**
プリーゼンテイション

発言者に寄せられる **question**
クウェスチョン

けんけんがくがくの激しい **debate**
ディベイト

白熱する **argument**
アーギュメント

皆から出される様々な **opinion**
オピニョン

意見に対する真っ向からの **objection**
オブヂェクション

反対するその **reason**
リーズン

対立による意見の **disagreement**
ディサグリーメント

裁決に対するお互いの **compromise**
カンプロマイズ

妥協による意見の **agreement**
アグリーメント

意見の一致による問題の **solution**
ソルーション

解決で得られた会議の **conclusion**
コンクルージョン

79

□**conference** [kánf(ə)rəns]	会議	
□**council** [káunsl]	会議	協議 評議会
□**presentation** [prì:zentéiʃən]	発表	贈呈 提出
□**question** [kwéstʃən]	質問	問題 動に質問する
□**debate** [dibéit]	討論	動を討議する
□**argument** [á:*r*gjumənt]	議論	口論 論争
□**opinion** [əpínjən]	意見	世論
□**objection** [əbdʒékʃən]	反対	異議
□**reason** [rí:zn]	理由	理性 道理
□**disagreement** [dìsəgrí:mənt]	不一致	意見の相違
□**compromise** [kámprəmàiz]	妥協	動妥協する
□**agreement** [əgrí:mənt]	一致	協定
□**solution** [səlú:ʃən]	解決	解決法 溶解
□**conclusion** [kənklú:ʒən]	結論	終わり 締結

文明

肥沃な土地に築かれた **civilization**

王朝によって支配された古代の **period**

各地から集められた **slave**

奴隷に強要された **labor**

奴隷によるピラミッドの **construction**

日照り続きの **famine**

人々の **hunger**

連綿と綴られた人類の **history**

歴史上で流された人類の血と **tear**

人類が求めた不幸からの **release**

そして **happiness**

人類がたどった文明の **progress**

年々増える世界の **population**

人類が抱える人口増加の **problem**

80

civilization [sivəlizéiʃən]	文明	文化
period [píˌ(ə)riəd]	時代	期間
slave [sleiv]	奴隷	
labor [léibər]	労働	動労働する
construction [kənstrʌ́kʃən]	建設	建造
famine [fǽmin]	飢餓	欠乏
hunger [hʌ́ŋgər]	飢え	空腹 動飢える
history [híst(ə)ri]	歴史	
tear [tiər]	涙	
release [rilíːs]	解放	動を自由にする
happiness [hǽpinis]	幸福	
progress [prɑ́gres]	進歩	動前進する
population [pùpjuléiʃən]	人口	
problem [prɑ́bləm]	問題	

政府

日本国の立法機関である **diet**

アメリカの立法機関である **Congress**

司法の根幹をなす **constitution**

政治家によってなされる **politics**

政府が後押しする国内の **industry**

政府が模索する景気回復の **policy**

政府が結ぶ他国との **agreement**

政府が管理する国家の **finance**

政府が決める国家の **budget**

国家が守る国民の **security**

国民の意見が反映される **election**

国民が国に納める **tax**

国民が活用する公的な **institution**

国民が享受する国の **welfare**

81

☐ **diet** [dáiət]	国会（日本・スウェーデンなどの／ふつう the を付けて）	
☐ **Congress** [káŋgres]	米国議会	
☐ **constitution** [kànstət(j)úːʃən]	憲法	体格 構成
☐ **politics** [pálətiks]	政治	政策 政治学
☐ **industry** [índəstri]	産業	工業 勤勉
☐ **policy** [páləsi]	政策	方針
☐ **agreement** [əgríːmənt]	協定	一致
☐ **finance** [fainǽns]	財政	動の資金を供給する
☐ **budget** [bʌ́dʒit]	予算	運営費 動の予算を立てる
☐ **security** [sikjú(ə)rəti]	安全	安心
☐ **election** [ilékʃən]	選挙	
☐ **tax** [tæks]	税	税金 動税を課す
☐ **institution** [ìnstət(j)úːʃən]	公共機関	社会施設
☐ **welfare** [wélfèər]	福祉	繁栄 幸福

市民革命

国家を一人で支配する**dictator**

minorityである特権階級と

majorityである貧民層

財政破綻による**state**の

crisisで

貧困の**situation**に怒った市民は

あらゆる**district**

激しい**riot**を起こす

市民の**force**は

政府軍の**might**を跳ね返し

腐敗した**government**を倒す

しかし、市民の**revolution**で

市街の**ruin**は激しく

再建には各国の**cooperation**が必要となる

82

□**dictator** [díkteitər]	独裁者	
□**minority** [mənɔ́:rəti]	少数	少数派
□**majority** [mədʒɔ́(:)rəti]	大多数	多数派
□**state** [steit]	国家	州 動を述べる
□**crisis** [kráisis]	危機	
□**situation** [sìtʃuéiʃən]	状況	事態 立場
□**district** [dístrikt]	地域	
□**riot** [ráiət]	暴動	騒動
□**force** [fɔːrs]	力	勢力 暴力
□**might** [mait]	力(権力・兵力などの)	腕力 勢力
□**government** [gávər(n)mənt]	政府	
□**revolution** [rèvəlú:ʃən]	革命	回転
□**ruin** [rú:in]	破壊	動を破滅する
□**cooperation** [kouàpəréiʃən]	協力	協同

189

戦争

軍部による国家の **rule**

自国の **territory** を拡張すべく

他国への **aggression** を繰り返す

大量の **military** が

border を突破し

激しい **combat** を展開する

破壊力のある **weapon** で

相手国への **attack** を行う

次々に炸裂する **bomb**

訓練を受けた **soldier** は

arms を手に

enemy を次々と倒す

悲惨な **war** によって

痛ましい **tragedy** が生まれる

83

□**rule** [ru:l]	支配	規則 動を支配する
□**territory** [térətɔ̀:ri]	領土	領地
□**aggression** [əgréʃən]	侵略	
□**military** [mílətèri]	軍隊	形軍の
□**border** [bɔ́:rdər]	国境	形に接する
□**combat** [kámbæt]	戦闘	
□**weapon** [wpən]	兵器	
□**attack** [ətǽk]	攻撃	動を攻撃する
□**bomb** [bɑm]	爆弾	動を爆撃する
□**soldier** [sóuldʒər]	兵士	軍人
□**arms** [ɑ:rmz]	武器	兵器
□**enemy** [énəmi]	敵	
□**war** [wɔ:r]	戦争	
□**tragedy** [trǽdʒədi]	悲劇	

犯罪

悪人によって無視される **law**（ロー）

人を悪に陥れる綿密な **trap**（トゥラップ）

知能を使って人をだます **trick**（トゥリック）

金目当てに弱みにつけ込む **threat**（スレット）

力で人に危害を加える **violence**（ヴァイオレンス）

人の命を奪う **murder**（マ～ダァ）

大都市にはびこる **crime**（クライム）

警察による事件の **investigation**（インヴェスティゲイション）

逮捕されてぶち込まれる **jail**（チェイル）

犯人を裁く **court**（コート）

裁判所で行われる **trial**（トゥライアル）

裁判で下される **judgment**（ヂャヂメント）

罪人が投獄される **prison**（プリズン）

極刑で施行される **execution**（エクセキューション）

84

☐ **law** [lɔː]	法律	法学
☐ **trap** [træp]	わな	動をわなで捕らえる
☐ **trick** [trik]	計略	いたずら 動をだます
☐ **threat** [θret]	脅迫	
☐ **violence** [váiələns]	暴力	乱暴
☐ **murder** [mə́ːrdər]	殺人	動を殺す
☐ **crime** [kraim]	犯罪	罪(法律上の)
☐ **investigation** [invèstəgéiʃən]	捜査	
☐ **jail** [dʒeil]	留置所	刑務所
☐ **court** [kɔːrt]	裁判所	中庭 コート
☐ **trial** [tráiəl]	裁判	試み
☐ **judgment** [dʒʌ́dʒmənt]	判決	裁判 判断
☐ **prison** [prizn]	刑務所	監獄
☐ **execution** [èksəkjúːʃən]	処刑	実行 執行

193

話すための
形容詞英単語
336

食物

もぎたての**sour**なレモン

青々とした**astringent**な柿

薬のような**bitter**なお茶

口が焼けるような**hot**なキムチ

食べ頃の**ripe**なメロン

新鮮な**raw**な刺身

ハエがたかった**rotten**な肉

噛んでも噛み切れない**tough**な肉

舌に溶けるような**tender**な肉

プリンプリンした**elastic**なこんにゃく

健康によい**alkaline**な梅干し

取り過ぎはよくない**acid**な食品

バランスのとれた**nutritious**な食品

井戸水につけて**chilled**なスイカ

85

sour [sáuər]	酸っぱい	不機嫌な 動を酸っぱくする
astringent [əstríndʒənt]	渋い	辛辣な 厳しい
bitter [bítər]	苦い	
hot [hɑt]	辛い	熱い 暑い
ripe [raip]	熟した	円熟した
raw [rɔ:]	生の	未熟な
rotten [rátn]	腐った	朽ちた 堕落した
tough [tʌf]	堅い(肉などが)	頑丈な 頑固な
tender [téndər]	柔らかい(肉などが)	優しい
elastic [ilǽstik]	弾力のある	融通のきく
alkaline [ǽlkəlàin]	アルカリ性の	アルカリの
acid [ǽsid]	酸性の	酸の
nutritious [n(j)u:tríʃəs]	栄養のある	
chilled [tʃild]	冷やした	

自然

宇宙に広がる**infinite**な空間

宇宙の彼方から届く**faint**な光

さんさんと降り注ぐ**solar**な光

優しく照らす**lunar**な光

生い茂る**tropical**なジャングル

ジャングルに広がる**mysterious**な奥地

息も凍る**freezing**な北極

嵐が吹き荒れる**severe**な自然

アルプスから見下ろす**magnificent**な眺め

グランドキャニオンの**grand**な眺め

アフリカに広がる**vast**な砂漠

絶壁がそそり立つ**steep**な斜面

晴天続きの**calm**な海

歩いて渡れる**shallow**な川

198

86

☐ **infinite** [ínfənit]	無限の	果てしない 無数の
☐ **faint** [feint]	かすかな	気が遠くなりそうな 動 失神する
☐ **solar** [sóulər]	太陽の	
☐ **lunar** [rlú:nə]	月の	
☐ **tropical** [trápikəl]	熱帯の	
☐ **mysterious** [mistí(ə)riəs]	神秘的な	
☐ **freezing** [frí:ziŋ]	凍るように寒い	
☐ **severe** [sivíər]	厳しい	厳格な
☐ **magnificent** [mægnífəsnt]	壮大な	素晴らしい
☐ **grand** [grænd]	壮大な	偉大な 主要な
☐ **vast** [væst]	広大な	莫大な
☐ **steep** [sti:p]	けわしい	
☐ **calm** [kɑ:m]	落ち着いた	冷静な 動 を静める
☐ **shallow** [ʃǽlou]	浅い	

199

形状

ツルツルの**smooth**な表面

ザラザラの**rough**な表面

20ページ足らずの**thin**な本

500ページもある**thick**な本

スパッと切れる**sharp**なナイフ

まったく切れない**dull**なナイフ

水があふれ出るほどの**full**なコップ

水が一滴もない**empty**なコップ

肌にフィットし**tight**なタイツ

ぶかぶかで**loose**なズボン

えらの張った**square**な顔

ふっくらした**round**な顔

自然の素材でつくられた**wooden**な皿

冷たい素材でつくられた**metallic**な皿

87

smooth [smuːð]	なめらかな	円滑な 動を平らにする
rough [rʌf]	荒れた	大ざっぱな 副荒々しく
thin [θin]	薄い	細い やせた
thick [θik]	厚い	太い 濃い
sharp [ʃɑːrp]	鋭い	急な 副きっかり
dull [dʌl]	鈍い	退屈な つまらない
full [ful]	いっぱいの	十分な 名十分
empty [ém(p)ti]	空の	動を空にする 動空になる
tight [tait]	ぴったりした	窮屈な ぎっしり詰まった
loose [luːs]	ゆるい	だぶだぶの ルーズな
square [skwɛər]	四角い	名正方形 名広場
round [raund]	丸い	動を回る 名回転
wooden [wúdn]	木製の	
metallic [mətǽlik]	金属の	金属性の

科学

心霊世界に対する **scientific**(サイエンティフィク)な研究

薬品開発における **chemical**(ケミカル)な研究

病気を克服する **medical**(メディカル)な進歩

21世紀における **technological**(テクノラヂカル)な発展

広島に落とされた **atomic**(アタミク)な爆弾

廃絶が叫ばれる **nuclear**(ニュークリア)な爆弾

電源につなぐ **electronic**(イレクトゥラニク)なオルガン

排気ガスの出ない **electric**(イレクトゥリク)な車

家電が売られる **electrical**(イレクトゥリカル)なお店

物理学の **basic**(ベイスィク)な研究

基礎研究における **elementary**(エレメンタリィ)な実験

日進月歩する **technical**(テクニカル)な進歩

ガソリンなどの **liqud**(リクウィド)な燃料

石炭などの **solid**(サリド)な燃料

202

88

□**scientific** [sàiəntífik]	科学的な	科学の
□**chemical** [kémikəl]	化学の	
□**medical** [médikəl]	医学の	
□**technological** [tèknəládʒikəl]	科学技術の	工業の 工学の
□**atomic** [ətámik]	原子の	原子力の
□**nuclear** [n(j)úːkliər]	核の	原子核の
□**electronic** [ilektránik]	電子の	電子工学の
□**electric** [iléktrik]	電気で動く	電気の
□**electrical** [iléktrikəl]	電気の	電気による 電気に関する
□**basic** [béisik]	基礎的な	基本的な 根本的な
□**elementary** [èləméntəri]	初歩の	基本の
□**technical** [téknikəl]	技術の	工業の 専門の
□**liqud** [líkwid]	液体の	透明な 名液体
□**solid** [sálid]	固体の	頑丈な 名固体

203

物の性質

海で取れた **natural**（ナチュラル）な食品

似せてつくられた **artificial**（アーティフィシャル）なカニの足

警官が携帯する **genuine**（チェニュイン）な拳銃

パンクに備えての **spare**（スペア）なタイヤ

洋服を詰め込んだ **compact**（コンパクト）なトランク

自然に開く **automatic**（オートマティック）なドア

屋外に仮設された **movable**（ムーヴァブル）な便所

しっかりと固定された **immovable**（イムーヴァブル）なイス

警備が行き届いた **secure**（セキュア）なビル

整備が行き届いた **workable**（ワ～カブル）な機械

様々な性能を持つ **functional**（ファンクショナル）な機械

演算能力の **fast**（ファスト）なスーパーパソコン

機能が充実した **up-to-date**（アプトゥデイト）なパソコン

数十年も前の **out-of-date**（アウトゥヴデイト）なワープロ

204

89

☐ **natural** [nǽtʃ(ə)rəl]	自然の	自然な 生まれながらの
☐ **artificial** [ɑ̀ːrtəfíʃəl]	人工の	人造の 不自然な
☐ **genuine** [dʒénjuin]	本物の	真の
☐ **spare** [spéər]	予備の	動をさく 名予備の部品
☐ **compact** [kəmpǽkt]	ぎっしり詰まった	中型の 密度の高い
☐ **automatic** [ɔ̀ːtəmǽtik]	自動の	無意識の
☐ **movable** [múːvəbl]	移動できる	動かせる
☐ **immovable** [imúːvəbl]	動かせない	不動の 感情に動かされない
☐ **secure** [sikjúər]	安全な	
☐ **workable** [wə́ːrkəbl]	動かせる（機械などが）	運転できる 実行できる
☐ **functional** [fʌ́ŋkʃ(ə)nəl]	機能的な	故障なく動く 作動できる
☐ **fast** [fǽst]	速い	副速く 副ひっきりなしに
☐ **up-to-date** [ʌ́ptədéit]	最新の	現代的な
☐ **out-of-date** [áutəvdéit]	時代遅れの	旧式の

205

商品の価値

100円ショップで売られる**cheap**な商品
<ruby>チープ</ruby>

バーゲンセールで売られる**inexpensive**な商品
<ruby>イニクスペンスィヴ</ruby>

高級専門店で売られる**expensive**な商品
<ruby>イクスペンスィヴ</ruby>

なかなか手に入らない**costly**な商品
<ruby>コ（ー）ストゥリィ</ruby>

宝石店で取り扱われる**precious**な商品
<ruby>プレシャス</ruby>

世界にわずかしかない**valuable**な商品
<ruby>ヴァリュ（ア）ブル</ruby>

何にでも使える**convenient**な商品
<ruby>コンヴィーニエント</ruby>

使い勝手の悪い**inconvenient**な商品
<ruby>インコンヴィーニエント</ruby>

もらった人が喜ぶ**useful**な商品
<ruby>ユースフル</ruby>

もらっても喜べない**useless**な商品
<ruby>ユースレス</ruby>

誰にとっても**necessary**な商品
<ruby>ネセセリィ</ruby>

なくてはならない**indispensable**な商品
<ruby>インディスペンサブル</ruby>

生きていくうえで絶対に**essential**な商品
<ruby>エセンシャル</ruby>

誰も求めない**unnecessary**な商品
<ruby>アンネセセリィ</ruby>

90

☐ **cheap** [tʃi:p]	安っぽい	安い 安価な
☐ **inexpensive** [ìnikspénsiv]	安い	安価な
☐ **expensive** [ikspénsiv]	高い	費用のかかる
☐ **costly** [kɔ́(:)stli]	高価な	費用のかかる
☐ **precious** [préʃəs]	高価な	貴重な 大事な
☐ **valuable** [vǽlju(ə)bl]	貴重な	高価な 価値のある
☐ **convenient** [kənví:njənt]	便利な	都合のよい
☐ **inconvenient** [ìnkənví:njənt]	不便な	都合の悪い
☐ **useful** [jú:sfəl]	役に立つ	有用な
☐ **useless** [jú:slis]	役に立たない	無用な
☐ **necessary** [nésəsèri]	必要な	不可欠な
☐ **indispensable** [ìndispénsəbl]	絶対必要な	
☐ **essential** [isénʃəl]	不可欠な	本質的な 图不可欠な
☐ **unnecessary** [ʌnnésəséri]	不必要な	無益な

207

家

掃除の行き届いた **neat**(ニート)な家

整理整頓された **tidy**(タイディ)な家

一人しか住めない **tiny**(タイニィ)な家

大家族が楽に住める **huge**(ヒューヂ)な家

広大な敷地に建つ **spacious**(スペイシャス)な家

借り手のない **vacant**(ヴェイカント)な家

市民に開放された **available**(アヴェイラブル)な家

高級住宅地に建つ **urban**(ア〜バン)な家

田園に建つ **rural**(ル(ア)ラル)な家

中堅サラリーマンが住む **standard**(スタンダド)な家

社長が住むのに **suitable**(ス(ュ)ータブル)な家

文豪が住んだ **memorial**(メモーリアル)な家

ルネッサンス期に建てられた **medieval**(ミーディイーヴァル)な家

紀元前に建てられた **ancient**(エインシェント)な家

91

□**neat** [ni:t]	きちんとした (部屋などが)	こざっぱりした 上手な
□**tidy** [táidi]	きちんとした	動をきちんとする
□**tiny** [táini]	ごく小さい	ちっちゃな
□**huge** [hju:dʒ]	非常に大きい	巨大な
□**spacious** [spéiʃəs]	広々とした	広大な
□**vacant** [véikənt]	空いている (場所・家などが)	空席の 欠員の
□**available** [əvéiləbl]	利用できる	手があいている
□**urban** [ɔ́:rbən]	都会の	都市の
□**rural** [rú(ə)rəl]	田舎の	農村の
□**standard** [stǽndərd]	標準の	名標準
□**suitable** [s(j)ú:təbl]	ふさわしい	適当な
□**memorial** [mimɔ́:riəl]	記念の	名記念碑 記念館
□**medieval** [mì:díi:vəl]	中世の	中世風の
□**ancient** [éinʃənt]	古代の	非常に古い 古ぼけた

209

場所

歩いて買い物に行く**near**なお店

車で１時間かかる**distant**なお店

気軽に行ける**nearby**な公園

本土から距離のある**remote**な孤島

人口が集中する**metropolitan**な街

のんびりとした**local**な街

１キロもある**broad**な川

またいで渡れる**narrow**な小川

じめじめした**humid**な沼地

光も差し込まない**gloomy**な密林

ロサンゼルスが位置する**southern**なカリフォルニア

サンフランシスコが位置する**northern**なカリフォルニア

欧米人が住む**western**な国

アジア人が住む**eastern**な国

92

□**near** [niər]	近い	副近く 前の近くに
□**distant** [díst(ə)nt]	遠い	
□**nearby** [níərbái]	すぐ近くの	副すぐ近くに
□**remote** [rimóut]	遠く離れた	関係の薄い
□**metropolitan** [mètrəpálətn]	大都市の	首都の 名都会人
□**local** [lóukəl]	地方の	地域の 名普通列車
□**broad** [brɔːd]	広い(幅の)	広々とした 心の広い
□**narrow** [nǽrou]	狭い	限られた 動を狭くする
□**humid** [hjúːmid]	湿気の多い	湿った
□**gloomy** [glúːmi]	薄暗い	憂うつな 悲観的な
□**southern** [sʌ́ðərn]	南の	南部の 南方の
□**northern** [nɔ́ːrðərn]	北の	北部の 北方の
□**western** [wéstərn]	西の	西方の 西洋の
□**eastern** [íːstərn]	東の	東方の 東洋の

対比

朝5時に起きる**early**な起床

昼12時に起きる**late**な起床

世界ランキングベスト10に入る**upper**な選手

名簿に登録されない**lower**な選手

自社で解決すべき**internal**な問題

自社には関わりのない**external**な問題

お店における一日の**total**な売り上げ

商品別による**partial**な売り上げ

出版部数を誇る**major**な出版社

数人で営む**minor**な出版社

ノーヒットノーランの**perfect**な投球

コントロールの安定しない**imperfect**な投球

成績が1番の**superior**な生徒

成績が最下位の**inferior**な生徒

93

☐ **early** [ə́:rli]	早い	副早く
☐ **late** [leit]	遅い	副遅く
☐ **upper** [ápər]	上位の	上部の 上級の
☐ **lower** [lóuər]	下位の	より低い 低級の
☐ **internal** [intə́:rnl]	内部の	内の 国内の
☐ **external** [ekstə́:rnəl]	外部の	外の 外面の
☐ **total** [tóutl]	全体の	完全な 名合計
☐ **partial** [pá:rʃ(ə)l]	部分的な	局部的な 不公平な
☐ **major** [méidʒər]	大きいほうの	主要な 専攻の
☐ **minor** [máinər]	小さいほうの	重要でない 短調の
☐ **perfect** [pə́rfikt]	完全な	正確な 最適な
☐ **imperfect** [impə́:rfikt]	不完全な	不十分な 未完成の
☐ **superior** [s(j)u(:)pí(ə)riər]	優れた	上の 上等の
☐ **inferior** [infí(ə)riər]	劣った	劣等の 下等の

レベル

問題が発生した **prinsipal**〔プリンスィパル〕な原因

映画に登場する **prime**〔プライム〕な人物

朝一番に届いた **latest**〔レイティスト〕な情報

最後から１番目の **worst**〔ワ～スト〕な成績

料理人が極めた **ultimate**〔アルティメト〕な味

世界に二つとない **unique**〔ユーニーク〕な宝

今年の夏一番の **maximum**〔マクスィマム〕な気温

今年の冬の記録的な **minimum**〔ミニマム〕な気温

宇宙不変の **absolute**〔アブソルート〕な真理

人生を変える **grave**〔グレイヴ〕な出来事

早急に解決すべき **primary**〔プライメリィ〕な課題

国家存亡にかかわる **vital**〔ヴァイトゥル〕な問題

大統領という **supreme**〔ス(ュ)(ー)プリーム〕な地位

国家予算に匹敵する **enormous**〔エノーマス〕な財産

94

prinsipal [prínsəp(ə)l]	主な	主要な 图校長
prime [praim]	主要な	第一の 最上級の
latest [léitist]	最新の	最近の いちばん遅い
worst [wə:rst]	最も悪い	图最もひどいもの 副最も悪く
ultimate [ʌ́ltəmət]	究極の	最終の 根本の
unique [ju:ní:k]	唯一の	独特の 非常に珍しい
maximum [mǽksəməm]	最高の(数値・量など)	最大の 图最大限
minimum [míniməm]	最低の(数値・量など)	最小の 图最小限
absolute [ǽbsəlù:t]	絶対的な	絶対の まったくの
grave [greiv]	重大な	真面目な
primary [práiméri]	第一の	初歩の 主要な
vital [váitl]	きわめて重要な	生命の
supreme [s(j)u(:)prí:m]	最高位の	最高の
enormous [inɔ́:rməs]	莫大な	非常に大きい 巨大な

215

からだ

ガッチリした**male**な肉体

ふくよかな**female**な肉体

エネルギーがみなぎる**youthful**な肉体

一糸まとわぬ**naked**な肉体

ファッションモデルの**slim**な体

体重が100キロもある**fat**な体

スポーツで鍛えた**muscular**な体

髪の毛がクルクルの**curly**なヘア

髪の毛のない**bald**な頭

視覚に障がいを持つ**blind**な人

聴覚に障がいを持つ**deaf**な人

デスクワークで**stiff**な肩

目もくらむような**acute**な痛み

化学物質に敏感な**allergic**な体質

95

☐ **male** [meil]	男性の	名男性 名雄
☐ **female** [fí:meil]	女性の	名女性 名雌
☐ **youthful** [jú:θfəl]	若い	元気のよい 若者の
☐ **naked** [néikid]	裸の	むき出しの ありのままの
☐ **slim** [slim]	すらりとした	ほっそりとした 動やせる
☐ **fat** [fæt]	太った	肥満の 名脂肪
☐ **muscular** [máskjulər]	筋肉質の	筋骨たくましい 筋肉の
☐ **curly** [ká:rli]	巻き毛の	カールした 渦巻き状の
☐ **bald** [bɔ:ld]	はげた (頭の)	
☐ **blind** [blaind]	盲目の	目の見えない 名日除け
☐ **deaf** [def]	耳の聞こえない	
☐ **stiff** [stif]	堅い	こわばった 手強い
☐ **acute** [əkjú:t]	激しい (痛みなどが)	鋭い
☐ **allergic** [əlá:rdʒik]	アレルギーの	

いろいろな人

ペチャクチャしゃべる**talkative**な人

結婚してない**single**な人

3歳上の**senior**な人

年金生活する**elderly**な人

兄弟のような**close**な人

日本に在住する**alien**な人

全財産を無くした**penniless**な人

何をやらせてもとちる**clumsy**な人

何でもやりこなす**clever**な人

見事な手さばきの**skillful**な人

国家試験にパスした**qualified**な人

定年を迎えた**retired**な人

知らぬ間に容疑をかけられた**innocent**な人

裁判官から判決を受けた**guilty**な人

96

□**talkative** [tɔ́ːkətiv]	おしゃべりな	
□**single** [síŋgl]	独身の	たった一つの 一人用の
□**senior** [síːnjər]	年上の	图年長者
□**elderly** [éldərli]	年配の	年寄りの
□**close** [klous]	親密な	ごく近い 圏すぐ近くに
□**alien** [éiliən]	外国の	图外国人 图異星人
□**penniless** [pénilis]	無一文な	金のない
□**clumsy** [klʌ́mzi]	不器用な	
□**clever** [klévər]	器用な	利口な 頭のよい
□**skillful** [skílfəl]	熟練した	
□**qualified** [kwάləfàid]	資格のある	能力のある
□**retired** [ritáiərd]	退職した	引退した
□**innocent** [ínəsənt]	無罪の	無邪気な 害のない
□**guilty** [gílti]	有罪の	

魅力のある人

勉強熱心で **diligent** な人

智恵にたけた **wise** な人

頭脳明晰で **intelligent** な人

聡明な眼差しを持つ **intellectual** な人

文化的に高い意識の **educated** な人

人より優れた **talented** な人

天から恵みを受けた **gifted** な人

物事に集中する **keen** な人

全身から活力がみなぎる **energetic** な人

自ら進んで行動する **active** な人

マナーを身につけた **polite** な人

立ち居振る舞いを身につけた **sophisticated** な人

貴族の雰囲気をかもしだす **noble** な人

豊富な人生経験を持つ **mature** な人

97

☐ **diligent** [dílədʒ(ə)nt]	勤勉な	
☐ **wise** [waiz]	賢い	博識の
☐ **intelligent** [intélədʒənt]	知能の高い	
☐ **intellectual** [intəléktʃuəl]	知性的な	知性に関する
☐ **educated** [édʒukèitid]	教養のある	教育を受けた
☐ **talented** [tǽləntid]	才能ある	
☐ **gifted** [gíftid]	才能豊かな	天賦の才能がある
☐ **keen** [ki:n]	熱心な	鋭敏な
☐ **energetic** [ènərdʒétik]	精力的な	活動的な エネルギッシュな
☐ **active** [ǽktiv]	活動的な	積極的な
☐ **polite** [pəláit]	礼儀正しい	ていねいな 洗練された
☐ **sophisticated** [səfístəkèitid]	洗練された	非常に複雑な
☐ **noble** [nóubl]	気高い	高潔な 名貴族
☐ **mature** [mət(j)uər]	成熟した	円熟した 動熟す

愛される性格

育ちがよく**mild**な性格

怒ることを知らない**gentle**な性格

面倒見がよくて**genial**な性格

いつも陽気で**optimistic**な性格

人に快くご馳走する**generous**な性格

下町育ちで**humane**な性格

嘘のつけない**sincere**な性格

心の清い**pure**な性格

気持ちを素直に話す**frank**な性格

何事にも真摯な**earnest**な性格

気品が漂う**elegant**な性格

愚痴を口にしない**patient**な性格

強くてたくましい**masculine**な性格

気立てのいい**feminine**な性格

98

□**mild** [maild]	柔和な	穏やかな 寛大な
□**gentle** [dʒéntl]	優しい	親切な 穏やかな
□**genial** [dʒí:niəl]	親切な	温情のある 愛想のよい
□**optimistic** [àptəmístik]	楽天的な	楽天主義の のんきな
□**generous** [dʒénərəs]	気前のいい	寛大な
□**humane** [hju(:)méin]	人情のある	情にもろい 慈悲深い
□**sincere** [sinsíər]	誠実な	
□**pure** [pjuər]	純粋な	清い 汚れのない
□**frank** [fræŋk]	率直な	
□**earnest** [ə́:rnist]	真面目な	真剣な 熱心な
□**elegant** [éligənt]	上品な	優雅な 気品のある
□**patient** [péiʃənt]	忍耐強い	我慢強い 图患者
□**masculine** [mǽskjulin]	男らしい	男の 男性の
□**feminine** [fémənin]	女らしい	女の 女性の

好かれない人

教養がなく**ignorant**な人

社会の出来事に対して**indifferent**な人

一日中だらしなく過ごす**lazy**な人

暗い顔をした**lonely**な人

引っ込み思案で**negative**な人

相手からしてもらうことを期待する**passive**な人

失敗の連続で自分に**insecure**な人

心が冷たく、人に対して**inconsiderate**な人

自分さえよければいい**selfish**な人

社会のルールを無視する**immoral**な人

礼儀をわきまえない**impolite**な人

すぐ暴力に訴える**rude**な人

やきもち焼きで**jealous**な人

心根の腐った**ugly**な人

99

ignorant [ígnərənt]	無知な	無学な
indifferent [indíf(ə)rənt]	無関心な	冷淡な 無頓着な
lazy [léizi]	怠惰な	怠け者の 無精な
lonely [lóunli]	寂しい	孤独な 一人ぼっちの
negative [négətiv]	消極的な	否定の 名否定
passive [pǽsiv]	受動的な	受け身の 活動的でない
insecure [ìnsikjúər]	自信のない	不安定な 不安な
inconsiderate [ìnkənsíd(ə)rit]	思いやりのない	思慮のない 無分別な
selfish [sélfiʃ]	利己的な	自分勝手な 自分本位の
immoral [imɔ́:rəl]	不道徳な	不品行な ふしだらな
impolite [ìmpəláit]	無作法な	無礼な 失礼
rude [ru:d]	乱暴な	失礼な 下品な
jealous [dʒéləs]	嫉妬深い	
ugly [ʌ́gli]	醜い	不格好な 不快な

嫌われる性格

ガサガサして **noisy** な性格

すぐにカーッとなる **short-tempered** な性格

自分の意地を通す **stubborn** な性格

何事にもマイナス思考する **pessimistic** な性格

すぐ激情する **emotional** な性格

心がふらふらして **unstable** な性格

いばりくさった **boastful** な性格

人を寄せつけない **strict** な性格

物事に白黒つける **extreme** な性格

すぐ喧嘩をふっかける **aggressive** な性格

変態行為を繰り返す **abnormal** な性格

血を見て喜ぶ **cruel** な性格

無差別に人を襲う **mad** な性格

悪魔を崇拝する **evil** な性格

100

□**noisy** [nɔ́izi]	騒がしい	やかましい
□**short-tempered** [ʃɔ́ːrttémpərd]	短気な	怒りっぽい
□**stubborn** [stʌ́bərn]	頑固な	強情な 扱いにくい
□**pessimistic** [pèsəmístik]	悲観的な	厭世的な
□**emotional** [imóuʃ(ə)nəl]	感情的な	感情の 感動的な
□**unstable** [ʌnstéibl]	不安定な	変動しやすい 座りの悪い
□**boastful** [bóustfəl]	高慢な	自慢をする
□**strict** [strikt]	厳しい	厳格な 厳密な
□**extreme** [ikstríːm]	極端な	過激な 名極端
□**aggressive** [əgrésiv]	攻撃的な	侵略的な 喧嘩好きの
□**abnormal** [æbnɔ́ːrməl]	異常な	
□**cruel** [krúːəl]	残酷な	ひどい 悲惨な
□**mad** [mæd]	狂気の	気が違った
□**evil** [íːvəl]	邪悪な	不運な 悪

有能な人

心のひだがわかる **delicate** な人

思いつきでは行動しない **cautious** な人

決断力のある **bold** な人

何にでも関心のある **curious** な人

先頭きって行動する **positive** な人

火の中へも飛び込む **brave** な人

意思を曲げない **firm** な人

頼りがいのある **dependable** な人

社会の慣習を大切にする **traditional** な人

動物的直感力を持つ **instinctive** な人

強靭な肉体を持つ **extraordinary** な人

ゼロからモノを産み出す **creative** な人

誰もが尊敬する **brilliant** な人

誰もが称賛する **excellent** な人

101

☐ **delicate** [délikət]	繊細な	華奢な デリケートな
☐ **cautious** [kɔ́:ʃəs]	慎重な	用心深い
☐ **bold** [bould]	大胆な	図々しい
☐ **curious** [kjú(ə)riəs]	好奇心の強い	奇妙な
☐ **positive** [pázətiv]	積極的な	明確な 图ポジ
☐ **brave** [breiv]	勇敢な	
☐ **firm** [fə́:rm]	堅い	断固とした しっかりした
☐ **dependable** [dipéndəbl]	信頼できる	頼みになる
☐ **traditional** [trədíʃ(ə)nəl]	伝統的な	
☐ **instinctive** [instíŋ(k)tiv]	本能的な	直感の
☐ **extraordinary** [ikstrɔ́:rdənèri]	並外れた	
☐ **creative** [kriéitiv]	創造的な	
☐ **brilliant** [bríljənt]	素晴らしい	輝かしい 立派な
☐ **excellent** [éks(ə)lənt]	優れた	優秀な

229

ショッピングセンター

店内に揃えられた**sufficient**な商品

ヒット商品にあやかった**similar**な商品

仕入れすぎで倉庫に積まれた**extra**な商品

後で仕入れた**additional**な商品

店内に配置された**adequate**な店員

他店とは**different**な落ち着いた店内

資金を投入した**effective**な宣伝

大きく書かれた**noticeable**な看板

直前に書き換えられた**instant**な値札

開店に殺到する**numerous**なお客

目玉商品に群がる**enthusiastic**な主婦

声をからす**loud**な声の叩き売り

訓練を受けた**hospitable**な店員

顧客に対する**respectful**な応対

102

sufficient [səfíʃənt]	十分な	
similar [símələr]	類似した	同じような
extra [ékstrə]	余分な	图余分なもの
additional [ədíʃ(ə)nəl]	追加の	
adequate [ǽdikwit]	十分な	足る 適任の
different [díf(ə)rənt]	違った	いろいろな
effective [iféktiv]	効果的な	
noticeable [nóutisəbl]	人目を引く	著しい 目立つ
instant [ínstənt]	即席の	すぐの 图瞬間
numerous [n(j)úːm(ə)rəs]	多数の	非常にたくさんの
enthusiastic [inθ(j)ùːziǽstik]	熱狂的な	
loud [laud]	大きい(音・声などが)	騒々しい 副大声で
hospitable [hɔspítəbl]	もてなしのよい	歓待する
respectful [rispéktfəl]	丁重な	敬意を表す

様々な生活

健康に恵まれた **lively** な生活

スケジュールに沿った **regular** な生活

気ままに行動する **irregular** な生活

酒びたりの **unhealthy** な生活

コロゴロ寝て過ごす **idle** な生活

みんなと変わりない **common** な生活

何の変哲もない **ordinary** な生活

親から離れた **independent** な生活

自立してやりくりする **respectable** な生活

支出を抑えた **plain** な生活

召し使いに囲まれた **luxurious** な生活

人の手本となる **ideal** な生活

物にまみれた **material** な生活

心の幸せを優先した **spiritual** な生活

103

lively [láivli]	元気な	活発な 鮮やかな
regular [régjulər]	規則正しい	一定の 正規の
irregular [irégjulər]	不規則な	不揃いの
unhealthy [ʌnhélθi]	不健全な	病弱な 健康でない
idle [áidl]	怠け者の	何もしていない 動怠ける
common [kámən]	ふつうの	共通の 平凡な
ordinary [ɔ́ːrdənèri]	平凡な	ふつうの ありふれた
independent [ìndipéndənt]	独立した	独立の 頼らない
respectable [rispéktəbl]	まともな	かなりの
plain [plein]	質素な	明白な わかりやすい
luxurious [lʌgʒú(ə)riəs]	ぜいたくな	
ideal [aidí(ː)əl]	理想的な	名理想
material [mətí(ə)riəl]	物質的な	物質の 名原料
spiritual [spíritʃuəl]	精神的な	霊的な 宗教的な

233

様々な出来事

つい先日起きた **recent** な出来事
リースント

心が浮き浮きする **joyful** な出来事
ヂョイフル

思い出に残る **memorable** な出来事
メモラブル

世にも不思議な **odd** な出来事
アッド

架空の話ではなく **probable** な出来事
プラバブル

現実に起きた **actual** な出来事
アクチュアル

以前からわかっていた **prospective** な出来事
プロスペクティヴ

まったく予期しない **unexpected** な出来事
アニクスペクティド

一瞬にして起きた **sudden** な出来事
サドゥン

誰もが疑う **incredible** な出来事
インクレディブル

世界中が度肝を抜かす **unbelievable** な出来事
アンビリーヴァブル

不幸が連続する **unfortunate** な出来事
アンフォーチ(ュ)ネト

社会をかき回す **confusing** な出来事
コンフューズィング

人類の存亡がかかる **vital** な出来事
ヴァイトゥル

104

recent [rí:snt]	最近の	近頃の
joyful [dʒɔ́ifəl]	楽しい	嬉しい 喜ばしい
memorable [mém(ə)rəbl]	記念すべき	忘れられない 記憶すべき
odd [ɑd]	変な	奇妙な 臨時の
probable [prɑ́bəbl]	ありそうな	
actual [ǽktʃuəl]	実際の	現実の
prospective [prəspéktiv]	予想される	将来の 見込みのある
unexpected [ʌ̀nikspéktid]	思いがけない	予期していない 意外な
sudden [sʌ́dn]	突然の	急な
incredible [inkrédəbl]	信じられない	途方もない
unbelievable [ʌ̀nbəlí:vəbl]	驚くべき	
unfortunate [ʌnfɔ́:rtʃ(ə)nət]	不運な	不幸をもたらす 遺憾な
confusing [kənfjú:ziŋ]	混乱させる	人をまごつかせる
vital [váitl]	生命にかかわる	きわめて重要な 生命の

235

様々な意見

一人一人が発言する**individual**な意見

自分本位の**subjective**な意見

冷静な立場からの**objective**な意見

あたりさわりのない**general**な意見

内容のない**superficial**な意見

誰も相手にしない**ridiculous**な意見

安易に口にする**careless**な意見

相手に異議を唱える**contrary**な意見

相手に賛同する**affirmative**な意見

中立的立場の**fair**な意見

その場にあった**appropriate**な意見

誰もがうなずく**reasonable**な意見

相手を納得させる**convincing**な意見

皆が共感し感動する**beneficial**な意見

236

105

individual [ìndivídʒuəl]	個々の	個人の 名個人
subjective [səbdʒéktiv]	主観的な	
objective [əbdʒéktiv]	客観的な	
general [dʒénərəl]	一般的な	全体的な 全般的な
superficial [s(j)ùːpərfíʃəl]	表面的な	浅はかな
ridiculous [ridíkjuləs]	ばかげた	ばかばかしい
careless [kéərlis]	不注意な	軽率な
contrary [kántreri]	反対の	名正反対
affirmative [əfɔ́ːrmətiv]	肯定的な(文語的)	
fair [fɛər]	公正な	かなりの 金髪の
appropriate [əpróupriit]	ふさわしい	適した
reasonable [ríːz(ə)nəbl]	道理にかなった	手頃な もっともな
convincing [kənvínsiŋ]	説得力のある	
beneficial [bènəfíʃəl]	有益な	有利な

様々な問題

誰でも解ける **simple**（スィンプル）な問題

どちらを選ぶかの **alternative**（オールタ～ナティヴ）な問題

夫婦間で解決すべき **mutual**（ミューチュアル）な問題

努力で解決できる **possible**（パスィブル）な問題

努力しても絶対解決できない **impossible**（インパスィブル）な問題

無視して通れない **inevitable**（インエヴィタブル）な問題

判断の難しい **subtle**（サトゥル）な問題

早急に解決すべき **urgent**（ア～ヂェント）な問題

トップの判断を仰ぐ **significant**（スィグニフィカント）な問題

生死にかかわる **serious**（スィ(ア)リアス）な問題

人生の意義を問う **essential**（エセンシャル）な問題

魂に関わる **eternal**（イタ～ヌル）な問題

日本で解決すべき **domestic**（ドメスティク）な問題

地球規模で解決すべき **global**（グロウバル）な問題

106

□**simple** [símpl]	簡単な	質素な 純真な
□**alternative** [ɔːltə́ːrnətiv]	二者択一の	图二者択一
□**mutual** [mjúːtʃuəl]	相互の	お互いの 共同の
□**possible** [pásəbl]	可能な	ありうる 可能なかぎりの
□**impossible** [impásəbl]	不可能な	とてもありえない
□**inevitable** [inévətəbl]	避けられない	
□**subtle** [sʌ́tl]	微妙な	かすかな 鋭敏な
□**urgent** [ə́ːrdʒənt]	緊急の	差し迫った しきりにせがむ
□**significant** [signífəkənt]	重要な	意義深い 意味ありげな
□**serious** [sí(ə)riəs]	重大な	真剣な 重い
□**essential** [isénʃəl]	本質的な	不可決の 根本的な
□**eternal** [itə́ːrnl]	永遠の	不変の 果てしない
□**domestic** [dəméstik]	国内の	家庭の
□**global** [glóubəl]	世界的な	全世界の 広範囲の

239

政治経済

国民が主権を持つ**democratic**な国家

アメリカによる**federal**な国家

伝統的な立場の**conservative**な政党

革新をめざす**liberal**な政党

政府が重要視する**economic**な政策

他国を締め出す**exclusive**な政策

国家が奨励する**industrial**な育成

産業の推進による**economical**な発展

貿易で栄える**commercial**な都市

法の保護のもとでおこなう**legal**な貿易

監視の目を逃れた**illegal**な貿易

大統領による**official**な業務

大統領の**unofficial**な私生活

政府が保護する**civil**な生活

107

□**democratic** [dèməkrǽtik]	民主主義の	民主的な
□**federal** [fédərəl]	連邦の	
□**conservative** [kənsə́:rvətiv]	保守的な	图保守的な人
□**liberal** [líb(ə)rəl]	自由主義の	寛大な 图自由主義者
□**economic** [ì:kənámik]	経済的な	経済の
□**exclusive** [iksklú:siv]	排他的な	閉鎖的な 独占的な
□**industrial** [indʌ́striəl]	産業の	工業の
□**economical** [ì:kənámikəl]	経済的な	徳用の 倹約を重んじる
□**commercial** [kəmə́:rʃəl]	商業の	貿易の
□**legal** [lí:gəl]	合法の	法律の
□**illegal** [ilí:g(ə)l]	不法の	非合法の 違法の
□**official** [əfíʃəl]	公式の	公の 图公務員
□**unofficial** [ʌ̀nəfíʃəl]	非公式の	私的な
□**civil** [sívəl]	市民の	礼儀正しい

241

犯罪都市

欲望がみなぎる大都会は **criminal**（クリミヌル）な温床

その都市で起きた **rare**（レア）な犯罪

予期することのできない **unlikely**（アンライクリィ）な事件

立て続けに起きる **successive**（サクセスィヴ）な事件

社会を震撼させた **destructive**（ディストゥラクティヴ）な犯罪

何かに恨みを持った **hostile**（ハストゥル）な犯罪

警察による **thorough**（サ〜ロウ）な調査

犯人を断定する **certain**（サ〜トゥン）な証拠

警察の **prompt**（プラン（プ）ト）な逮捕

尋問における容疑者の **vague**（ヴェイグ）な供述

意味不明の **ambiguous**（アンビギュアス）な供述

矛盾だらけの **unnatural**（アンナチュラル）な供述

容疑者に突きつけられた **evident**（エヴィデント）な証拠

尋問で引き出された **complete**（コンプリート）な供述

108

☐ **criminal** [krím(ə)nl]	犯罪の	图犯人 图犯罪者
☐ **rare** [rɛər]	まれな	珍しい
☐ **unlikely** [ʌnláikli]	ありそうもない	思いがけない
☐ **successive** [səksésiv]	連続する	
☐ **destructive** [distrʌ́ktiv]	破壊的な	
☐ **hostile** [hástl]	敵意に満ちた	
☐ **thorough** [θə́ːrou]	徹底的な	まったくの
☐ **certain** [sə́ːrtn]	確かな	確実な ある
☐ **prompt** [prɑm(p)t]	即座の	素早い 图を促す
☐ **vague** [veig]	曖昧な	
☐ **ambiguous** [æmbígjuəs]	曖昧な（意味の）	
☐ **unnatural** [ʌnnætʃ(ə)rəl]	不自然な	わざとらしい 異常な
☐ **evident** [évədənt]	明白な	
☐ **complete** [kəmplíːt]	完全な	完成した 動を仕上げる

ヤバいくらい覚えられる
会話のための英単語

著　者	リック西尾	
発行者	真船美保子	
発行所	**KK ロングセラーズ**	
	東京都新宿区高田馬場 2-1-2　〒 169-0075	
	電話（03）3204-5161（代）　振替 00120-7-145737	
	http://www.kklong.co.jp	
印　刷	中央精版印刷　　製　本　難波製本	

落丁・乱丁はお取り替えいたします。
※定価と発行日はカバーに表示してあります。
ISBN978-4-8454-5041-1　C0282　　Printed In Japan 2017